Stay true

Hua Hsu

# Stay true

## Relato de uma amizade

wmf martinsfontes

*Esta obra foi publicada originalmente em inglês com o título*
*STAY TRUE por Doubleday,*
*uma divisão da Penguin Random House LLC, Nova York.*


**1ª edição** *2024*

**Tradução**
*RODRIGO NEVES*
**Acompanhamento editorial e preparação de textos**
*Márcia Leme*
**Revisões**
*Alessandra Miranda de Sá*
*Rafael Bottallo Quadros*
**Produção gráfica**
*Geraldo Alves*
**Paginação**
*Renato Carbone*
**Capa**
*Gisleine Scandiuzzi*
**Imagem da capa**
*@ Anthony Chang*

**Dados Internacionais de Catalogação na Publicação (CIP)**
**(Câmara Brasileira do Livro, SP, Brasil)**

Hsu, Hua
Stay true : relato de uma amizade / Hua Hsu ; [tradução Rodrigo Neves]. – São Paulo : Editora WMF Martins Fontes, 2024.

Título original: Stay true.
ISBN 978-85-469-0622-2

1. Americanos taiwaneses – Califórnia – Biografia 2. Assassinato – (Berkeley, Califórnia) – Biografia 3. Crianças imigrantes – Califórnia – Biografia 4. Cultura popular – Estados Unidos – História – Século 20 5. Hsu, Hua, 1977- – Amigos e companheiros 6. Hsu, Hua, 1977- – Infância e juventude 7. Ishida, Kenneth N., 1977-1998 I. Título.

24-213871 CDD-979.467

**Índice para catálogo sistemático:**
1. Hua Hsu : Memórias 979.467

Cibele Maria Dias – Bibliotecária – CRB-8/9427

*Todos os direitos desta edição reservados à*
***Editora WMF Martins Fontes Ltda.***
*Rua Prof. Laerte Ramos de Carvalho, 133 01325-030 São Paulo SP Brasil*
*Tel. (11) 3293-8150 e-mail: info@wmfmartinsfontes.com.br*
*http://www.wmfmartinsfontes.com.br*

A nossos pais
e a meus amigos

Somente o futuro pode oferecer a chave para a interpretação do passado; e é somente nesse sentido que podemos falar de uma objetividade fundamental em história. O fato de o passado jogar luz sobre o futuro e o futuro jogar luz sobre o passado serve tanto de justificativa como de explicação para a história.

EDWARD HALLETT CARR, *Que é história?* (1961)

É que você está vazio, e eu estou vazio,
E não podemos deixar o passado em quarentena.

PAVEMENT, *Gold Soundz* (1994)

# Stay true

Naquela época, nenhum de nós reclamaria se passássemos tempo demais no carro. Teríamos ido a qualquer lugar dirigindo desde que estivéssemos juntos.

Eu sempre oferecia meu Volvo. Primeiro, porque parecia ser uma coisa legal, generosa. Segundo, porque os obrigava a escutar minhas músicas. Ninguém sabia cozinhar, mas estávamos sempre lotando minha perua para ambiciosas excursões ao mercado da avenida College, aquele que ficava a cerca de seis canções de distância. Cruzávamos a ponte só para tomar sorvete, e isso justificava toda uma fita com novas seleções. Havia um Kmart na interestadual 880, que descobrimos certa noite ao levar alguém de carona até o aeroporto – o gesto máximo de amizade. Meia hora de carro, na calada da noite, só para comprar blocos de notas ou roupas íntimas, mas valia muito a pena. Vez ou outra, um *pop* rústico, desgarrado, chamava a atenção. *O que está tocando?* Eu tinha escutado aquelas músicas centenas de vezes. Mas escutá-las com outras pessoas era o que eu almejava.

Os passageiros tinham personalidades diferentes. Alguns exigiam ir no banco da frente com uma intensidade neurótica, como se todo seu senso de identidade dependesse disso. Sammi tinha mania de acender o isqueiro sem parar, até que uma vez o porta-luvas pegou fogo. Paraag sempre tirava minhas fitas e pedia para escutar o rádio.

Anthony ficava olhando eternamente pela janela. Talvez a gente nunca se sinta tão próximo de outra pessoa quanto no banco de trás de um carro lotado compartilhando um cinto de segurança feito para um só.

Eu herdei de meus pais o medo dos pontos cegos dos retrovisores, e minha cabeça girava de um lado para o outro, olhando para todos os retrovisores, atento aos carros nas pistas vizinhas, enquanto eu relanceava furtivamente para ver se mais alguém tinha notado que Pavement era muito superior a Pearl Jam. Eu era responsável pela segurança de meus amigos e também pelo enriquecimento cultural deles.

Tenho uma foto de Ken e Suzy, apertadinhos no banco de trás, pouco antes de pegarmos a estrada para um bate e volta. Estão mascando chiclete, sorrindo. Não me lembro de nada dessa viagem, exceto da empolgação de ir para outro lugar. As provas tinham acabado e, antes que fôssemos cada um para seu lado nas férias de verão, alguns de nós passaram a noite em uma casa a poucas horas de Berkeley. A diversão um tanto ou quanto perigosa de dirigir em comboio, como numa missão secreta, ziguezagueando entre os carros, olhando nervoso para os retrovisores para garantir que os outros carros ainda estavam atrás do meu. Trocando de pista abruptamente ou encostando na traseira dos amigos quando estivéssemos a sós na estrada. O tempo que perdi gravando as fitas teria sido suficiente para ir e voltar dessa casa. Não ficaríamos nela nem 24 horas. Mas havia o ineditismo dos sacos de dormir, da ausência de deveres de casa, de acordar pela manhã em um local pouco familiar, novo, e isso era o bastante.

Em geral, eu não estava acostumado a ver Ken no banco de trás. Passamos muitas noites dirigindo pelas redondezas de Berkeley, a perna dele apoiada na porta do passageiro, o olhar varrendo o horizonte em busca de cafeterias inexploradas ou de algum barzinho afastado com potencial para se tornar nosso refúgio depois que tivéssemos completado 21 anos. Ele sempre andava arrumado demais – camisa com colarinho, jaqueta polo, coisas que eu jamais usaria –, ou talvez só quisesse estar pronto para uma aventura. Na maior parte das vezes, a aventura seria uma esticadinha de uma canção até o 7-Eleven para comprar cigarro.

Naquela idade, o tempo passa devagar. Estamos ansiosos para que algo aconteça e ficamos matando o tempo nos estacionamentos, as mãos enfiadas no fundo do bolso, decidindo aonde ir. A vida estava acontecendo em outro lugar, era só uma questão de encontrar um mapa que levasse até ela. Ou talvez, naquela idade, o tempo passasse depressa; e estivéssemos tão ávidos por atividade que nos esquecíamos de nos lembrar das coisas à medida que elas iam acontecendo. Um dia era como uma eternidade; um ano, uma era geológica. O salto do segundo ano da faculdade ao terceiro era sugestivo de patamares sem precedentes de elegância e maturidade. Naquela época, as emoções estariam sempre muito intensas ou muito leves, a menos que alguém estivesse entediado, mas ninguém na história da humanidade jamais esteve tão entediado assim. Ríamos tanto que pensávamos que fôssemos morrer. Bebíamos tanto que acabamos descobrindo essa coisa chamada intoxicação alcoólica. Eu sempre temia estar com intoxicação alcoólica. Ficávamos acordados até tão tarde, delirando, que elaboramos uma teoria de tudo, só que nos esquecemos de anotá-la. Repisávamos paixonites lendárias que seguramente nos deixariam devastados pelo resto da vida.

Em certos momentos, a gente se convencia de que ainda iria escrever a história mais triste de todas.

Lembro-me de escutar os Fugees. Lembro-me do ar frio. Lembro-me da manhã seguinte, quando todos surgiram de seus respectivos cantos da casa e Ken saiu para o deque segurando uma caneca de café. *Como ele sabe fazer café?*, pensei comigo. *Eu também deveria saber.* Ainda tenho uma foto dele olhando para o dia amanhecido, as nuvens refletidas nos óculos. Ele só usava óculos às vezes, de um jeito que o fazia parecer sério, adulto – mas não um *nerd*.

Depois do café da manhã – o que teríamos comido? –, fomos dar uma volta na areia branca da praia, embora o tempo não estivesse lá essas coisas. Eu vestia uma camisa de poá com o colarinho puído, um cardigã marrom e um gorro de listras pretas e amarelas. Só o meu

Vans cinza tinha sido fabricado em nosso tempo de vida. Há uma foto na qual estou agachado como um receptor de beisebol, procurando conchas, o pensamento distante. Ken está debruçado atrás de mim, acenando alegremente para a câmera. Está usando uma jaqueta de flanela quadriculada azul-marinho, *jeans* folgados na medida certa e botas marrons. Em outra foto, está empoleirado heroicamente em uma pedra alta. "Tira uma minha com o Huascene", ele pede a Anthony. Está tentando parecer indiferente, enquanto eu me inclino a seu lado com um sorriso bobo.

Naquela época, a gente ficava anos sem posar para uma foto. Nem pensava em tirar fotos. As câmeras eram um estorvo para o dia a dia. Era estranho andar com uma câmera, a menos que a pessoa trabalhasse para o jornal universitário, o que tornaria o ato de tirar fotos um pouco menos esquisito. Quem tinha câmera talvez pudesse usá-la naqueles últimos dias de aula, nas festas ou quando as pessoas estivessem fazendo as malas, a lógica de empacotar tudo na última hora aplicada ao registro das lembranças. Se outra pessoa tentasse tirar uma foto sua, por mais que fosse uma coisa boba ou espontânea, ainda assim você ficaria desconfortável e tenso, porque havia um propósito por trás daquilo, no máximo uma ou duas fotos, mais do que isso pareceria uma obsessão. Um instante passaria despercebido por completo até que, meses mais tarde, quando você fosse revelar as fotos tiradas num *show*, numa festa de aniversário ou em qualquer outro evento digno de ser documentado, você descobriria imagens de seus amigos aprontando-se para sair ou um flagrante qualquer do dia a dia feito para aproveitar o rolo de filme. Você já teria se esquecido disso. Mais tarde, quando a fotografia se tornou onipresente, as fotos passaram a funcionar como provas de sua existência diária. Elas passaram a registrar um padrão. Olhando para trás, você começaria a duvidar da sequência de eventos. Se, na ausência de provas, realmente acontecera alguma coisa.

From : Oct. 31. 1991 05:24 PM

Hi Hulu, Here is the answer:

$$y = (1.20 - 0.02x)(50 + x)$$

(y: Income; $1.20 - 0.02x$: price; $50 + x$: number; x: number of increasing sale)

$$= 60 + 1.2x - x - 0.02x^2$$

$$= 60 + 0.2x - 0.02x^2$$

Draw a graph

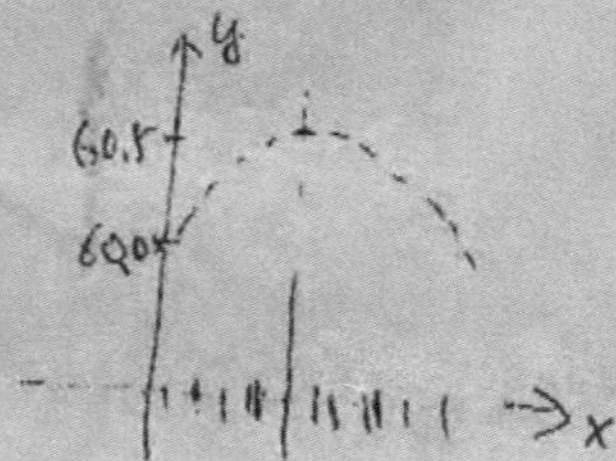


$\Rightarrow$ At $1.2 - 0.02 \times 5 = 1.10$ per ice

her income will be maximum

at 60.5

| y | x |
|---|---|
| 60 | 0 |
| 60.18 | 1 |
| 60.32 | 2 |
| 60.42 | 3 |
| 60.48 | 4 |
| 60.5 | 5 |
| 60.48 | 6 |
| 60.42 | 7 |
| 60.32 | 8 |
| 60.18 | 9 |
| 60 | 10 |

This year's World Series very exciting wasn't it? Lots of spe... play and al... down to the ... at every ext...

Or $y = 60 + 0.2x - 0.02x^2$

$$= 60 - 0.02(x^2 - 10x)$$

$$= 60 - 0.02[(x-5)^2 - 5^2]$$

Da...

Quando meu pai se mudou para Taiwan, minha família comprou dois aparelhos de *fax*. Teoricamente, fizemos isso para ele me ajudar com os deveres de matemática. Eu estava iniciando o Ensino Médio, no qual todas as coisas, desde o instrumento que eu tocaria até o formato arredondado da minha letra, subitamente pareceram relevantes. Anos antes, na sétima série, tirei uma nota suficientemente boa para pular dois períodos de matemática, mas foi *raspando*, e agora eu tinha de pagar por isso. Eu cheguei ao topo cedo demais. Na verdade, eu era péssimo em matemática. Como muitos imigrantes que prezam pela educação, meus pais depositaram sua fé no domínio dos conhecimentos técnicos, como as ciências exatas, nas quais as respostas não são passíveis de interpretação. Não dá para ser preconceituoso contra uma resposta correta. Mas eu preferia passar o tempo interpretando as coisas.

Passar um *fax* era mais barato que fazer uma ligação internacional e envolvia muito menos pressão. Não havia hesitação nem tempo desperdiçado com silêncios. Bastava discar o número do destinatário, inserir no aparelho uma folha de papel, e uma cópia impressa sairia do outro lado do mundo. A diferença de fuso horário entre Cupertino e Hsinchu era tal que permitia que eu enviasse uma pergunta a meu pai de noite e recebesse uma resposta pela manhã, ao acordar.

As questões relacionadas aos deveres de casa eram sempre marcadas como urgentes.

Ele destrinchava os princípios da geometria nas margens da página, desculpando-se caso alguma lição tivesse ficado confusa ou acelerada demais, porque ele estava sobrecarregado tentando se estabelecer no emprego novo. Eu lia rapidamente as explicações e copiava as equações e as justificativas. Vez ou outra, eu recompensava sua minuciosa diligência intercalando uma leva de exercícios de matemática com um resumo do noticiário americano: contei a ele quando Magic Johnson anunciou que era HIV positivo, narrei os eventos que levaram aos tumultos em Los Angeles, mantive-o a par do destino dos Giants. Falei das corridas de *cross-country*, fiz promessas genuínas de que iria me esforçar mais na escola. Eu fazia listas com as músicas novas de que eu gostava, e ele tentava encontrá-las nas barraquinhas de fitas em Taipei, para me dar sua opinião:

> Gostei de "November Rain" do Guns N' Roses. Metallica também é ótimo. Não consegui curtir Red Hot Chili Peppers nem Pearl Jam. Músicas antigas interpretadas por Mariah Carey ("I'll Be There") e Michael Bolton ("To Love Somebody") são maravilhosas. *Acústico* da MTV é uma excelente ideia!

No fim das contas, como adolescente, eu tinha coisas mais interessantes para fazer do que conversar por *fax* com meu pai. Ele se apegava às coisas que eu dizia e depois me enchia de perguntas. Se eu dissesse que uma aula tinha sido chata, ele me questionaria sobre o uso da palavra, ponderando que "enfrentar muitos 'desafios' é emocionalmente 'chato', mas é 'útil'". Contei que estávamos estudando os anos 1960 nas aulas de história e ele perguntou: "Você está convencido de que só Oswald matou JFK?"

Ele sempre pedia minha opinião. Talvez fosse sua maneira de tentar prolongar nossa troca de mensagens. Ele começou a falar sobre esportes, algo que claramente não lhe interessava. Éramos como dois homens trocando conversa fiada numa loja de materiais de construção.

Redskin é melhor que Bill!?

Como está o Nicks? (Knicks)

É Jordan contra Buckley! (Barkley)

Esse World Series foi espetacular.

Sempre que tínhamos feriados prolongados na escola, minha mãe e eu viajávamos para Taiwan para visitá-lo. Às vezes, eu tentava parecer sobrecarregado com as tarefas da escola, na esperança de que fizesse mais sentido ele nos visitar na Baía de São Francisco do que termos de nos despencar para lá. Mas nunca funcionou. Passávamos em Taiwan as férias de verão e de inverno; por semanas, as únicas pessoas com quem eu conversaria seriam meus pais e seus amigos de meia-idade.

Sempre tive horror a essas viagens. Não entrava em minha cabeça que meus pais quisessem voltar para o local que escolheram abandonar.

Meu pai trocou Taiwan pelos Estados Unidos em 1965, quando tinha 21 anos, e só conseguiu retornar com quase o dobro da idade. Naqueles tempos, todos que podiam fugiam de lá, sobretudo os alunos promissores. Uma dúzia de outros físicos se formaram com ele na Universidade Tunghai, e dez deles terminaram fazendo carreira no exterior. Meu pai voou de Taipei para Tóquio, depois para Seattle e Boston. Ele procurou na multidão o amigo que viera de Providence para pegá-lo no aeroporto e deixá-lo em Amherst.

Mas esse amigo não sabia dirigir e teve de pagar o almoço de outro homem, um sujeito que meu pai nem conhecia, em troca de uma carona para o aeroporto de Boston, depois para Amherst e, finalmente, de volta para Providence. Os dois rapazes receberam meu pai no portão, trocaram tapinhas nas costas e correram para o carro, onde enfiaram tudo o que meu pai possuía neste mundo – livros didáticos e agasalhos, principalmente – dentro do porta-malas. Então partiram para a Chinatown de Boston, um portal para o mundo que tinham deixado para trás. Camaradagem e boa vontade constituíam motivos válidos para dirigir horas a fim de buscar alguém no aeroporto; tão importante quanto isso era o fato de o aeroporto ficar perto das refeições que não eram encontradas nas cidadezinhas universitárias do nordeste americano.

Nos anos seguintes, tendo-se exilado voluntariamente numa terra distante, meu pai adquiriu vários traços que o caracterizariam como americano. Ele morou em Nova York, participou dos protestos estudantis e, como mostra a evidência fotográfica, certa vez ostentou cabelos compridos e calças ligeiramente na moda. Chegou como devoto da música clássica, mas, poucos anos depois, sua canção favorita passou a ser "The House of the Rising Sun", dos Animals. Assinou a *The New Yorker* por um brevíssimo período, até perceber que a revista não se destinava a recém-chegados como ele, e pediu reembolso. Descobriu os encantos da *pizza* e do sorvete de rum com uvas-passas. Sempre que novos estudantes estivessem para chegar de Taiwan, ele e os amigos correriam para o carro disponível mais próximo e iriam buscá-los. Era um ritual, mas também uma espécie de liberdade – na estrada, talvez com boa comida – que não podia ser rejeitada.

Se os americanos daquele tempo sabiam alguma coisa sobre Taiwan, era que se tratava de uma ilha obscura, nas imediações da China e do Japão, que fabricava objetos baratos de plástico destinados à exportação. Quando minha mãe era criança, seu pai colocou uma lousa na cozinha na qual ele escrevia todos os dias uma palavra nova em inglês. A Segunda Guerra interrompera os estudos do meu avô na área médica e ele se tornou um funcionário público. Mas ele queria uma vida melhor para os filhos. Meus avós fizeram minha mãe e os irmãos dela escolherem nomes americanos, como Henry e Carol. As crianças aprenderam os rudimentos do inglês, esse novo idioma bizarro que eles poderiam usar para conjurar a existência de outros futuros. Aprenderam sobre o resto do mundo anglófono por meio de uma assinatura da revista *Life*, e foi assim que minha mãe descobriu a existência de uma coisa nos Estados Unidos chamada Chinatown.

Quando ela chegou aos Estados Unidos em 1971 (Taipei-Tóquio--São Francisco), a família que a buscou teve a decência de esperar um dia, para ela se recuperar da longa viagem, antes de levá-la para comer comida chinesa. Ela ia estudar saúde pública na Universidade de Michigan. Pouco depois de ter chegado a East Lansing, assinado o contrato de locação, se matriculado nas aulas e comprado uma porção de livros didáticos não reembolsáveis, ela recebeu uma mensagem do pai. O que aconteceu é que, enquanto ela estava a caminho de Michigan, uma carta chegou à casa da família em Taipei informando que ela tinha sido aceita na Universidade de Illinois em Urbana-Champaign, sua primeira escolha. Então minha mãe recuperou o que podia das mensalidades da Michigan State e partiu depressa para Illinois.

Nos anos 1960, comunidades de estudantes de diferentes partes do mundo sinófono estavam reunidas nessas cidadezinhas universitárias relativamente afastadas. A maioria se adaptava às mudanças de estação, às diferenças de registro nas conversas informais, aos campos circundantes e às estradas infindáveis. A universidade mandou minha mãe para o Meio-Oeste, mas ela circulava livremente: um trabalho no centro comunitário de Kankakee, no qual ela era a única pessoa não negra – seu primeiro contato mais próximo com a divisão racial dos Estados Unidos; um verão como garçonete, no qual ela almoçava sorvete todo dia. Alguns de seus colegas, porém, não conseguiram lidar com essa mudança radical de contexto, ou talvez lhes faltasse contexto. Ela ainda se lembra de uma menina que abandonou completamente as aulas para ficar vagando pelo *campus*. Mesmo no auge do verão, a menina podia ser vista perambulando com seu casaco de inverno mais pesado. Todos os outros estudantes taiwaneses mantinham distância dela.

Havia as festas americanas com os amigos, para as quais minha mãe preparava almôndegas cabeça de leão*; as viagens de carro a lugares famosos e aos mercados que vendiam *bok-choy* [acelga chinesa];

---

* Almôndegas de carne suína refogada e cozida com legumes. Prato tradicional da cozinha asiática. (N. do E.)

a agitada vida comunitária no dormitório. Era possível identificar os estudantes taiwaneses pela panela de arroz da Tatung. Minha mãe fez aulas de pintura, em sua maioria telas abstratas e surreais com paletas de cores que não traduziam nenhuma inclinação específica. Mais tarde, quando lhe perguntei se ela pintava sob a influência de drogas, ela garantiu que não fumava maconha naquela época, embora ainda se lembrasse do cheiro.

Depois de dois anos na Universidade de Massachusetts em Amherst, meu pai se transferiu para a Universidade de Columbia. De lá, seguiu seu orientador acadêmico e foi para a Universidade de Illinois, onde ele e minha mãe se conheceram. Eles se casaram no centro estudantil do *campus*; caso morassem a pelo menos três horas da Chinatown mais próxima, poderiam ter realizado um banquete num restaurante. O irmão de minha mãe, que saíra de Taiwan como marinheiro mercante e foi morar na Virginia, foi a única pessoa das duas famílias que pôde comparecer. Pelo menos, havia os amigos. Um deles era artista e fez desenhos do Snoopy e do Woodstock em cartolinas que foram espalhadas pelo gramado do centro estudantil. Cada um levou seu prato favorito.

Discussões sobre imigrantes costumam girar em torno da dinâmica do afasta e atrai: uma força os afasta de casa; outra os atrai para longe. As oportunidades minguam em determinado local e reaparecerem em outro, e é preciso seguir a promessa de um futuro aparentemente melhor. Versões diferentes dessas viagens remontam a um passado longínquo em todas as partes do mundo.

No século XIX, os ingleses e os chineses eram parceiros comerciais amistosos, os ingleses trocando sua prata por chá, seda e porcelana chinesas. Mas os ingleses quiseram ficar em posição de vantagem. Começaram a cultivar o ópio na Índia e o levaram para a China, onde o entregavam aos contrabandistas com inserção no interior do país. Os chineses posteriormente tentaram se desvencilhar da substância, avivando o receio britânico de que os portos chineses fechariam as portas para eles. As Guerras do Ópio subsequentes devastaram o sudeste da China, justamente por volta da época em que se precisava de mão de obra barata no oeste dos Estados Unidos. Nas décadas de 1840 e 1850, navios abarrotados de homens chineses atraídos pela promessa de emprego partiram da província arrasada de Guangdong para os Estados Unidos. Eles assentavam ferrovias, garimpavam ouro e iam para todos os cantos onde precisassem deles. No entanto, esse era o limite de sua mobilidade. Isolados nos piores bairros, por força de uma legislação bizantina e da pressão social – sem meios (e às vezes sem vontade) de retornar para casa –, eles começaram a construir cidades autossuficientes, as Chinatowns, para garantir alimentação, proteção e cuidados à comunidade. Por volta da década de 1880, a economia americana já não precisava de mão de obra estrangeira barata, o que resultou em políticas opressivas que limitaram a imigração chinesa por muitos e muitos anos.

A dinâmica do afasta e atrai continuava ativa quando a Lei de Imigração de 1965 suavizou as restrições à imigração de asiáticos, pelo menos dos asiáticos que poderiam contribuir de alguma forma para a sociedade americana. Havia uma percepção dos governantes de que os Estados Unidos estavam perdendo a Guerra Fria em questão de ciência e inovação, e, por esse motivo, o país abraçou estudantes universitários como meus pais. E quem saberia dizer o que o futuro guardava para Taiwan? No Novo Mundo, tudo parecia estar em constante ascensão. Meus pais não foram atraídos aos Estados Unidos por causa de um sonho específico, mas pela chance de mudar. Mesmo naquela época, eles já compreendiam que a vida nos Estados Unidos era feita de promessas e hipocrisia, de fé e ganância, de novos padrões de sucesso e insegurança, de uma liberdade possibilitada pela escravidão. Todas essas coisas ao mesmo tempo.

Meus pais fizeram uma longa viagem de Illinois para a Costa Leste em sua lua de mel e tiraram uma porção de fotos pelo caminho. Mas a única recordação que lhes restou desse passeio está guardada na memória, pois os rolos de filme não revelados foram roubados do carro deles em Manhattan, em plena luz do dia.

Nasci em 1977 em Urbana-Champaign. Meu pai queria ser professor catedrático. Mas, como não encontrou trabalho na academia, tivemos de nos mudar para o Texas, onde ele trabalhou como engenheiro. Os bairros residenciais de Dallas nos proporcionavam espaço em abundância. Dava para se perder naquela imensidão. Faz poucos anos, encontrei um quadradinho de papel todo amassado e amarelado, datado do começo dos anos 1980 – um anúncio que minha mãe anunciara nos classificados:

> AULAS DE CULINÁRIA CHINESA – aprenda a fazer pratos exóticos usando ingredientes e utensílios facilmente encontrados. US$ 12 por aula. Para mais informações, ligue para a sra. Hsu no telefone 867-0712.

Nunca ninguém ligou. Depois que comecei a falar com um sotaque arrastado, a reivindicar botas de caubói e um nome americano, e depois que lhes disseram que a churrascaria local não serviria gente "como eles", meus pais decidiram tentar a sorte em outro lugar.

Seus endereços anteriores contavam a história de suas amizades e das pessoas que eles conheceram: um quarto vago no sótão de alguém, visitas a amigos de família que eles só conheciam de nome, um emprego de verão numa cidadezinha a poucas horas de viagem, uma oportunidade de trabalho numa região pouco conhecida que estava crescendo. Em vez de sonhar com a cidade grande, eles mapearam o território à procura dos amigos, de comida chinesa, de boas escolas municipais e de um lar público para idosos. Então, depois do Texas, era Delaware ou Califórnia, e eles escolheram a Califórnia.

Cupertino ainda estava em transição quando chegamos, em 1986. Havia uma fábrica enorme no centro da cidade, fazendas e uns edifícios da Apple que mais pareciam piada. Ninguém usava os computadores da Apple.

Os bairros residenciais nos Estados Unidos (os *suburbs*) têm a ver com a conquista pacífica do espaço, uma alternativa à densidade desconfortável das cidades. Parece que eles se desenvolvem livres da própria noção de história, criando a sensação de não ter havido nada antes deles. Mas a ilusão de tranquilidade não resiste a um olhar mais atento: a neurose exigida para manter o gramado impecavelmente aparado, as imaculadas calçadas que ninguém usa, as guerras santas travadas para impedir que um município adentre o outro. Esses bairros residenciais sugerem estabilidade e conformidade, mas raramente estão ligados à tradição. Pelo contrário, são facilmente alterados para acomodar quaisquer novas aspirações.

Com o florescimento do Vale do Silício no final dos anos 1980 e começo dos 1990, mais asiáticos se mudaram para cidades como Cupertino. Todos os meus avós vieram de Taiwan para morar na região sul da Baía, assim como a maioria dos meus tios. Taiwan agora representava a antiga pátria, distante e imaginária. Os bairros residenciais do Vale do Silício eram favoráveis a uma transformação lenta e gradual; negócios decadentes foram revitalizados pelas novas levas de imigrantes à medida que as lojas se transformavam, uma após a outra, em ilhas de comida chinesa e de salões com a última moda em cortes de cabelo assimétricos. Havia cafeterias especializadas em chá de bolhas e uma concorrência entre as livrarias chinesas, os estacionamentos labirínticos repletos de Hondas modificados e mães que desejavam manter a pele branquinha com viseiras enormes e luvas para dirigir que cobriam todo o braço.

Os vestígios do que havia antes permaneceram, os ciclos de uso e reúso: a rua Cherry Tree Lane, onde pomares certa vez constituíram o melhor uso que se podia fazer da terra; o telhado pontiagudo de um antigo Sizzler que virou restaurante de comida chinesa; a lanchonete cafona que imitava um vagão de trem e passou a vender macarrão asiático. *Chefs* de cozinha vindos de Hong Kong e Taiwan se juntaram às ondas de engenheiros que migraram para a Califórnia. A pressão para atrair compradores e clientes não chineses simplesmente desapareceu. A noção de "convencional" deixou de fazer sentido. Ossinhos de pescoço e pés de galinha, juntamente a outras carnes gelatinosas, fitas de vídeo dubladas contendo as últimas novelas taiwanesas, jornais e livros escritos em chinês: essas coisas pagavam as contas, e ainda sobrava.

Só percebi quanto tempo meus pais ficaram longe de Taiwan quando minha mãe começou a reclamar dos imigrantes chineses mais recentes – o fato de eles largarem os carrinhos de compras espalhados pelo estacionamento dos mercadinhos asiáticos. A diferença entre um imigrante taiwanês dos anos 1970 para alguém que viera da China nos anos 1990 provavelmente seria imperceptível para quem não estivesse envolvido na diáspora sinófona. Eles seriam mais ou menos parecidos, e ambos provavelmente teriam sotaque. Mas haveria diferenças na maneira como lidavam com a cultura americana e com a questão do pertencimento. Esses últimos imigrantes mal-educados talvez nem desconfiassem de que antes havia apenas um mercadinho asiático naquela região, e que nem era dos bons, e levava meia hora pra chegar lá de carro.

Entre os itens que sobreviveram aos primeiros anos de frugalidade de meus pais estão exemplares desgastados dos *best-sellers O choque do futuro* e *Os papéis do Pentágono*. Um livreto contendo um ensaio de Theodore Allen intitulado "Luta de classes e a origem da escravidão racial: a invenção da raça branca", com "C. HSU" escrito na capa. Um livro sobre a visita de Nixon à China, outro sobre história afro-americana. Em um breve delírio, meu pai flertou com a ideia de anglicizar seu nome e pediu para ser chamado de Eric, mas logo percebeu que esse tipo de assimilação não combinava com ele.

Talvez viver nos Estados Unidos fosse isso. Você podia se locomover. Tinha oportunidades que não existiam em seu país de origem. Podia remodelar-se como um frequentador de igreja, um amante de *pizza*, um admirador de música clássica ou de Bob Dylan, um fã dos Dallas Cowboys, como todos no bairro pareciam ser. Você podia escolher o nome que quisesse. Podia dar a seus filhos nomes de presidentes americanos. Ou podia lhes dar nomes impronunciáveis, já que eles nunca seriam presidentes.

De Amherst para Manhattan, e de lá para Urbana-Champaign e Plano, e de Richardson e Mission Viejo para Cupertino: os discos sempre nos acompanharam, um velho toca-discos que meu pai montou sozinho e um par de alto-falantes da marca Dynatone. Ele começou a colecionar discos assim que chegou aos Estados Unidos. No começo, comprava de um clube de venda de LPs por correspondência, do tipo que você paga caro por uns poucos e depois recebe um monte deles a preço de banana. Na época, ele preferia música clássica. Mas depois se acostumou com a voz rouca de Bob Dylan que tocava no apartamento de um vizinho em algum momento dos anos 1960. Começou a comprar os álbuns de Dylan, aprendendo a apreciar aquela voz delicada e estranha. Talvez ele gostasse mais de Dylan nessa época do que quando passou a entender as letras. Os discos de meu pai ficavam protegidos pelo plástico original, se possível, para evitar o desgaste da capa. Ele descolava só um pedacinho do plástico para carimbar seu nome – Hsu Chung-Shih. Alguns desses discos foram doados ao longo dos anos, mas o núcleo principal foi mantido: Dylan, Beatles, Stones, Neil Young, Aretha Franklin, Ray Charles. Alguns do The Who, Jimi Hendrix, Pink Floyd e algumas coletâneas da Motown. Muita música clássica. Blind Faith, porque, quando meus pais estavam fazendo pós-graduação, um senhorzinho antilhano, membro do corpo docente, sacou seu violino num jantar de confraternização para tocar o solo de "Sea of Joy". Também estavam presentes os álbuns solo de John Lennon e George Harrison, mas nenhum de Paul McCartney, o que me fez pensar que sua carreira depois dos Beatles tivesse sido um horror. A ausência de qualquer coisa dos Beach Boys também era um indício de que eles seriam péssimos. Não havia nada de *jazz*, exceto um disco solitário de Sonny e Linda Sharrock, que permaneceu fechado. Meus pais tocaram *Thriller* tantas vezes que imaginei que Michael Jackson fosse um amigo da família.

A coleção de discos do meu pai teve o efeito de fazer a música parecer chata para mim. Era algo que os adultos levavam a sério. Ele escutava Guns N' Roses e eu escutava os jogos de beisebol no rádio. Era ele que ficava horas gravando em videocassete a programação da MTV, enquanto passava seus achados para uma fita VHS personalizada feita em outro aparelho. Era ele que estava sempre disposto a ir à Tower Records para explorar os corredores de discos, comprando seus favoritos no formato mais moderno em que estivessem disponíveis. Ele comprava a *Rolling Stone* e a *Spin*, anotava meticulosamente suas listas de melhores álbuns do ano ou da década, depois tentava encontrar os mais promissores.

Quando iniciei o Ensino Fundamental 2, percebi que a coleção de discos de meu pai tinha me preparado para as hierarquias sociais existentes nos intervalos. Comecei a assistir à MTV e a escutar música de rádio, me inteirando das novidades com antecedência mas sem jamais querer passar a impressão de ser afetado, que era a coisa que eu mais temia nesta vida. Tornei-me versado nas paradas de sucessos, que são a moeda mais segura que um adolescente pode obter, e fiz isso lendo as revistas de meu pai e memorizando os nomes das bandas, os gêneros e os subgêneros musicais, as curiosidades variadas. E agora eu o acompanhava em suas habituais idas à loja de discos depois do jantar. Parecia que passávamos horas separados, cruzando um com o outro em algum corredor improvável. Tudo representava uma possibilidade, uma pista, um convite para experimentar realidades emocionais novas e sem precedentes. Estávamos encantados pelo mesmo tipo de música, mas ela nos mostrava coisas diferentes. Eu escutava o solo de guitarra exuberante e sentimental do Slash em "November Rain" e ouvia libertação, a ideia de que a busca ensandecida pelos objetivos pessoais poderia levar a lugares distantes. Já meus pais achavam que o valor do Slash estava em seu virtuosismo, consequência de milhares de horas de estudo e prática.

À medida que o Vale do Silício prosperava no começo dos anos 1990, o mesmo acontecia com a indústria de semicondutores de Taiwan. Em pouco tempo, os amigos do meu pai começaram a migrar de volta, após décadas de expatriação, mantendo casas nos dois países para que os filhos pudessem terminar o Ensino Médio e cursar o Ensino Superior nos Estados Unidos. Ao final dos anos 1980, meu pai alcançara o posto de gerente intermediário nos Estados Unidos. Mas ele estava cansado da hierarquia corporativa, na qual a ascensão a patamares mais altos parecia depender de forças arbitrárias, como a cor da pele e os sutis tremores de voz. Meus pais acabaram decidindo que ele também deveria retornar para Taiwan. Um emprego como executivo o aguardava. Ele nunca mais teria de pintar o cabelo e tocar num taco de golfe. Compramos dois aparelhos de *fax*.

Às vezes, eu encontrava colegas de escola no aeroporto e percebia que estávamos lá para deixar nossos pais no trabalho. Moravamos numa das poucas cidades americanas em que esse tipo de sistema seria facilmente compreendido. Era um pouco como a questão da "montanha dourada", a ideia popular chinesa de que os Estados Unidos seriam a terra da oportunidade, algo que tivera início durante a corrida pelo ouro. Só que, naquela época, os homens atravessavam o Pacífico à procura de emprego nos Estados Unidos, não o contrário.

* * *

A primeira geração pensa na sobrevivência; as gerações seguintes contam as histórias. Com frequência, tento tecer numa narrativa os detalhes e os pequenos efeitos presentes na vida de meus pais. Como adquiriram senso estético? Como escolhiam filmes para assistir? Teriam reconhecido a si mesmos em *O choque do futuro*? E quem teria sido o influente Eric na vida de meu pai? As coisas que os cercavam eram como matéria-prima para novas identidades americanas, e eles foram coletando essas ideias até onde seus carros e as linhas de metrô permitiam. Naquela época, voltar para Taiwan exigia uma pequena fortuna e anos de meticuloso planejamento. Levava semanas só para agendar um telefonema internacional que garantisse uma quantidade mínima de parentes disponíveis do outro lado da linha.

Eles estudaram em universidades americanas muito superiores às suas contrapartes asiáticas, embora a recompensa por essa busca insana ainda não estivesse plenamente visível. Escolheram a eventual solidão, o estilo de vida sinuoso, a barreira linguística. O que não escolheram foi a denominação de ásio-americanos, uma categoria inventada já no final dos anos 1960. Meus pais tinham pouco em comum com os estudantes chineses e japoneses nascidos nos Estados Unidos que estavam organizando protestos do outro lado do *campus* em prol da liberdade de expressão e dos direitos humanos; eles não compreendiam a Lei de Exclusão aos Chineses, Charlie Chan e por que palavras como "oriental" e "china" eram consideradas ofensivas. Meus pais e seus companheiros não se reconheceriam como representantes de uma "minoria-modelo". Na verdade, nem sequer pensavam em se tornar americanos. Simplesmente não sabiam que essa identidade estava disponível para eles. Sua lealdade era em relação ao mundo que tinham deixado para trás.

Quão doces e musicais devem ter sido aqueles telefonemas. Como teria sido para eles deixar sua casa e adentrar um mundo novo, tendo apenas planos vagos de retornar? Na ausência de conexões disponíveis, ativeram-se a uma Taiwan imaginária, mais uma abstração – um farol, um membro - fantasma – do que uma ilha de verdade. A tecnologia vigente os transportava de volta somente em ocasiões especiais. Por isso, buscavam nas feições dos colegas traços reminiscentes de casa; escutavam a pátria na algazarra que pairava acima dos corredores da mercearia. Meus pais agora tinham liberdade para ir e vir como bem entendessem. Minha mãe passou boa parte dos anos 1990 viajando de avião. Tiveram de reaprender sobre Taiwan. Morávamos em Hsinchu, uma cidadezinha litorânea a cerca de quarenta minutos do aeroporto de Taoyuan. Hsinchu era conhecida principalmente pelas rajadas de vento e pelas almôndegas de frutos do mar. Continuava vagarosa e sonolenta, só que agora tinha um imenso *campus* de alta tecnologia perto da estrada, onde ficavam localizadas as empresas de semicondutores. *Shoppings* gigantescos começaram a surgir aqui e ali no centro da cidade.

Nos fins de semana, meus pais viajavam para Taipei à procura das velhas lojas de chá e dos cinemas que figuravam em suas recordações dos anos 1950 e 1960. Não precisavam de mapas. Décadas de afastamento não tinham embotado a lembrança de quais barraquinhas serviam o melhor *bao*. Meus pais rejuvenesceram em Taiwan; transformaram-se em pessoas diferentes graças à umidade e à comida. Por vezes, eu me sentia um intruso, quando, sentados em banquinhos desgastados de madeira, comíamos silenciosamente nossas imensas tigelas de macarrão com carne, sabendo perfeitamente bem que, nos Estados Unidos, isso teria provocado todo um solilóquio romântico sobre suas lembranças de infância.

Eu passava dois ou três meses por ano em Taiwan. Fazia questão de sintonizar na ICRT, a rádio anglófona, para escutar o *American Top 40* do Casey Kasem, que oferecia porções semanais de uma realidade mais reconhecível. Meus pais se lembravam com carinho dessa rádio, da época em que eram adolescentes e ela fazia parte da Emissora do Exército. Com o tempo, meu pai perdeu o interesse pelas músicas novas, e escutar as canções mais pedidas foi a maneira que encontrei para tentar me conectar com ele, para lembrá-lo do esplendor dos Estados Unidos, ao qual ele poderia retornar se quisesse. Custei a compreender que aquela era a nossa vida agora – que meus pais tinham trabalhado duro para ter espaço nos dois mundos. A americanização continuaria sendo um projeto inacabado, e a coleção de discos de meu pai começou a parecer uma relíquia de um caminho não trilhado.

Existe uma predestinação ao autoaperfeiçoamento incutida na experiência da imigração. Quando adolescente, eu me dedicava ao jornal da escola e ao clube de debate porque, diferentemente do que acontecia com a matemática e as ciências naturais, eu achava que poderia ficar melhor nessas coisas. Você folheia o velho livro de física de seu pai e compreende por instinto que aquelas fórmulas e aqueles gráficos jamais farão sentido para você. Mas um dia você percebe que seus pais falam com sotaque e não fazem ideia do que seja voz passiva. Cabe à geração seguinte adquirir uma nova habilidade em nome deles – uma habilidade que também poderíamos usar contra eles. Dominar o idioma parecia ser nossa única chance de superá-los. A vida doméstica ganhava uma espécie de litigiosidade corriqueira. As crianças calminhas e comedidas falando com uma autoconfiança atrevida, deixando armadilhas na formulação das perguntas. Os pais, cansados e irritados, tendo de recorrer à língua materna.

Eu passava muito tempo com minha mãe. Ela percorria toda a região sul da Baía para me levar às aulas de violoncelo, aos encontros de *cross-country*, aos torneios de debate e às lojas de discos, e me ouvia com atenção quando eu a entretinha com relatos minuciosos de meu dia a dia. Como recompensa, eu esperava pacientemente com uma pilha de revistas até que ela tivesse terminado de comprar blusas e sapatos. Ela assistia todo e qualquer filme esquisito que eu trouxesse da biblioteca; e ela me ensinou a fazer a barba. Toda sexta-feira, íamos ao Vallco, nosso *shopping* local, começando pela Sears e avançando na direção da praça de alimentação para jantar. Ela dizia que, se alguém na loja se dirigisse a um de nós dois, deveríamos responder sorridentes: "Só estou olhando", e eles nos deixariam em paz. Eu explicava para ela o que os outros garotos estavam vestindo na escola, e tentávamos descobrir onde poderíamos comprar tais coisas.

Chega um momento na vida do filho de imigrantes que você percebe que você e seus pais estão se integrando ao mesmo tempo. Mais tarde, compreendi que eu e minha mãe garimpávamos loja a loja à procura de futuros possíveis – que ambos estávamos perplexos com as mesmas modas, as mesmas tendências e os mesmos fragmentos de linguagem. Aquelas idas à loja de discos com meu pai diziam respeito à descoberta, e não ao domínio. Bem mais tarde, cheguei à conclusão de que a integração era como correr na direção de um horizonte volátil. O ideal estava sempre mudando de lugar, e sua pronúncia do inglês jamais seria totalmente perfeita. Vendiam-nos um conjunto de concessões nas letras miúdas do contrato. A integração não era só mais um problema a ser resolvido, era o problema em si.

Como milhões de outras pessoas, a primeira vez que vislumbrei a possibilidade de uma cultura "alternativa" ocorreu quando escutei "Smells like teen spirit", do Nirvana, em 1991. Eu tinha 13 anos. Nunca tinha escutado algo tão bom, sobretudo por se tratar da primeira grande canção que descobri por conta própria.

Para mim, eu tinha descoberto um segredo antes de todo mundo e fiquei viciado nessa sensação. Escutei a canção tarde da noite numa rádio. No dia seguinte, ninguém sabia do que eu estava falando. Isso foi antes do videoclipe. Esperei pacientemente pelo lançamento de *Nevermind*.

Naquela época, eu não sabia que "alternativo" era um conceito de *marketing* e que o Nirvana tinha outro álbum antes de *Nevermind*. Tampouco fazia ideia de que *Nevermind* tivesse sido o resultado de uma terrível disputa entre as gravadoras. Eu só me guiava pela euforia. Lembro-me de observar o toca-fitas enquanto escutava o álbum pela primeira vez, maravilhado com o fato de que, para mim, cada música era melhor que a outra. E fiquei pasmo com a forma que eles escolheram para se expressar, sabotando as próprias canções inerentemente contagiantes com camadas de ruídos sinistros e rugidos maliciosos. Estudei com cuidado todas as revistas e matérias de jornal que eu pude encontrar sobre eles, anotando as referências que faziam a outras bandas. Escrevi uma carta para o fã-clube listado no encarte da fita, expressando minha compreensão singular dos valores da banda.

Certo dia, o Nirvana era uma banda relativamente obscura de um rincão improvável do país. Então todos viram a luz. Os garotos da escola começaram a usar a mesma camiseta do Nirvana, toda preta com letras amarelas em alto-relevo. Seria isso um sinal de que todos podiam valorizar o mesmo segredo? Que iríamos remodelar o mundo à nossa própria imagem?

Senti-me atraído pelo Nirvana principalmente porque eles não pareciam um bando de idiotas. Fizeram tudo o que passava na MTV parecer grosseiro e subitamente irrelevante. O *rock* convencional se encaixava num espectro específico do machismo americano, que ia desde palhaços festeiros até músicos sérios e virtuosos. O Nirvana representava tudo que havia além disso; os terrenos marginais eram infinitos. Quando Kurt Cobain, o vocalista, era jovem, ele leu uma matéria sobre *punk rock* e decidiu que aquele seria seu gênero musical. Era por volta dos anos 1970, e ainda levaria um tempo até que ele realmente pudesse escutar alguma canção de *punk rock*. Mais tarde, ele revelaria sua decepção com a música, que não achou nem tão agressiva nem tão vital quanto esperava. Foi sua própria versão imaginária do *punk rock* que impulsionou a carreira da banda. Ele parecia determinado a direcionar seus fãs recém-descobertos para o tipo de música que ele amava: Shonen Knife, The Raincoats, The Vaselines. Ele nos guiou pelo caminho, mostrando as maravilhas que ficavam fora da rota convencional. Desbravar essas outras regiões tornou-se minha razão de viver.

Naturalmente, chegou o dia em que a quantidade de colegas vestidos com camisetas do Nirvana tornou-se excessiva. Como era possível todos se identificarem com o mesmo comportamento *outsider*?

Não era culpa da banda. Cobain parecia indiferente, até hostil, com relação à fama. Eu não poderia culpá-lo pela adoração que lhe tinha sido imposta. Afinal de contas, ele era bonito e carismático. Mas eu faria de tudo para garantir que jamais me tornaria um farsante como os garotos da aula de educação cívica, que murmuravam o refrão de "Smells like teen spirit", mas cantavam "*And it smells like / teen spirit*", quando todos sabem que a letra não é essa.

Comecei a produzir minha própria *zine*, porque me disseram que era a maneira mais fácil de receber CDs gratuitos das bandas e das gravadoras. Mas também era uma maneira de procurar uma tribo. Minha visão de mundo era definida pela música. Eu cultivava uma postura humilde e modesta, sensível e sarcástica, cética, porém secretamente entusiasmada. Eu garimpava as lojas de discos e os catálogos de encomenda em busca de vinis de 7 polegadas que soassem ao mesmo tempo silenciosos e barulhentos. Eu achava que tinha muito a dizer, mas sentia vergonha de fazê-lo. Produzir *zines* foi o jeito que encontrei de esboçar os contornos de um novo eu, de modelar uma nova personalidade por meio da escrita. Eu estava convencido de que seria capaz de reorganizar as pilhas de imagens fotocopiadas, as matérias e os recortes de papel, de forma a criar uma versão de mim mesmo real e verdadeira. Era uma espécie de devaneio sobre o que o futuro poderia trazer – algo que foi se tornando mais claro a cada nova frase que eu escrevia, pesando a mão nos trocadilhos e nas referências. Obviamente, havia muitas frases que eu ainda não sabia escrever.

Eu usava um *software* de *layout* primitivo que eu pedira para minha mãe comprar com a desculpa de que seria útil para fazer a inscrição na faculdade. O emprego de quatro ou cinco fontes por página transmitia o sentimento de caos interno que eu esperava projetar. Eu ilustrava minhas *zines* com imagens retiradas de manuais de autoescola, revistas e livros didáticos em chinês. Eu falava bastante sobre música, mas poderia ter demonstrado o mesmo fervor com relação a qualquer outro assunto – filmes, livros, artes visuais. Eu me apaixonava por tudo que eu sentia ter descoberto. Escrevi longos ensaios elogiando o *Pavement* e o *Polvo*, porque foram os primeiros LPs que comprei sozinho depois que finalmente tirei a carteira de motorista, e escutei esses álbuns obsessivamente até que sua estranheza e sua dissonância parecessem normais. Mas eu também poderia ter começado pela seção "R" e ter me encantado com outras bandas. O que eu valorizava era a seriedade. Queria aplicá-la a um mundo pequeno, que ficasse escondido dentro do maior.

Minhas *zines* eram sinceras, porém cínicas. *Aquela coisa que saiu de moda não era incrível no final das contas? Por que todo mundo tem de se vestir assim e não assado?* Eu escrevia odes imensas a filmes estrangeiros que eu não tinha assistido, dissecações entusiasmadas e estafantes dos vinis de 7 polegadas de *indie rock* que eu garimpava na loja da Streetlight, em San José. Havia *fanfics* de *Arquivo X*, agravos contra a decoreba dos deveres de casa. Mas a sofisticação para mim era uma qualidade que deveria ser expressa por meio do conhecimento erudito, e eu me definia por aquilo que eu rejeitava, uma versão macarrônica da negação que resultou em textos que criticavam *Barrados no baile*, os *hippies*, as escolas privadas, George Bush, os cintos de couro trançado, a repressão policial e o Pearl Jam depois que a banda virou modinha. Eu sabia contra o que me posicionar, mas não fazia ideia do que havia do outro lado.

Talvez aqueles fossem os últimos dias em que as coisas podiam ser consideradas verdadeiramente obscuras. Não como se fala de determinados estilos de vida e de algumas canções, que são chamados de exóticos. Mas havia uma vulnerabilidade no conhecimento das coisas incomuns, a sensação de que um livro mal arquivado ou uma revista abandonada poderiam facilmente ser esquecidos para sempre. Descobrir algo minutos antes das outras pessoas era uma espécie de capital social dos nichos, e eu era um estudioso aplicado. Eu conhecia todas as bandas que se pareciam um pouco com o Nirvana e que ninguém mais conhecia. Eu estimava a pesquisa: a escavação de influências arcanas, o segredo oculto, as historinhas conspiratórias, as novas religiões erguidas em torno de ídolos decadentes e artistas que nunca chegaram lá.

Eu explorava os corredores mais vazios da loja de quadrinhos, revirava o apartamento de meus avós à procura de velhas camisas de flanela, gravatas de angorá, jalecos de fábrica. Eu implorava à minha mãe que me levasse para Berkeley, onde eu ficava encantado com os estudantes que tentavam enfiar enormes fatias de *pizza* na boca, com livros, cadernos e discos metidos debaixo do braço. Qualquer matéria de revista que mencionasse os *cyberpunks*, os frequentadores de *raves* e os ativistas de direitos dos animais era sugestiva de um caminho novo e perfeitamente plausível para mim. Era empolgante vagar sem rumo e escolher quem você queria ser, que aspectos de si mesmo destacar e embelezar. Você estava enviando um pedido de socorro, na esperança de que outra pessoa viesse resgatá-lo.

Já é bem difícil ler o tom de fala na escrita, quanto mais no *fax*, que é impresso numa folha lisa de papel térmico. Você não vê a marca deixada pela caneta. Os *faxes* chegam com uma aparência desbotada e distante, o conselho já atrasado. Meu pai ficou curioso a respeito das minhas *zines* (as quais ele chamava de "publicações") e pediu que eu lhe enviasse uma cópia por *fax*. Expliquei a ele que não seria a mesma coisa.

Ele sempre me implorava para dedicar aos deveres de casa um pouco da energia que eu despendia memorizando estatísticas esportivas e resenhando bandas. Eu só precisava estudar os livros didáticos com a mesma dedicação que concedia às minhas preciosas revistas. Eu sabia dizer quais álbuns seriam lançados no mês seguinte, mas não conseguia de jeito nenhum passar na prova teórica do exame de motorista. "Não leve como comentário negativo. Nós amamos você e conhecemos sua fraqueza, por isso queremos dar conselho. Suas bondades e qualidades estão sempre no nosso coração, embora nem sempre ditas em voz alta." Toda vez que suas palavras pareciam mais duras do que o pretendido, ele se apressava em explicar:

> Na sexta-feira passada, dei muita ênfase para tenacidade. Não se assuste. A vida é cheia de empolgação e surpresa. Lute com ela e aprecie. É como você diz que gosta de fazer exercício de *cross-country*. Depois que sobe montanha e olha para baixo, você se sente bem. É isso que quero dizer. Não se decepcione enquanto sobe e sobe, mas também não escolha montanha alta demais para subir. Você precisa

treinar montanha pequena primeiro. Aprende com exercício. Tropeçar pode ensinar subir montanha na vez seguinte. É cansativo, mas devemos apreciar o processo.

Sua mãe e eu temos orgulho de você. Não tanto por realizações, mas principalmente pela personalidade alegre. Vamos apoiar você não importa o que escolher (a maioria das vezes! Há!). Não fique triste se, por vezes, parecemos irritados. Só queremos dar a você conselho para ajudar a tornar decisão mais simples. Pode ser que colocamos muita pressão, mas não é intenção. Relaxa, mas também organiza tempo para lidar com prioridades.

Sinto muito por não estar presente sempre para apoiar quando você precisa. Mas fico tranquilo porque sua mãe faz bom trabalho, e você é muito maduro. Mas, se quiser trocar ideia ou tiver problema, liga ou manda *fax* para mim. Caso seja dever de casa, e ajuda não dá tempo, por favor avisa. Podemos arranjar professor particular. Últimos anos do fundamental são trabalhosos, mas espero que você goste.

Com amor,
seu pai.

Os professores particulares não ajudavam em nada. Eram em sua maioria rapazes de 20 e poucos anos que vinham de Taiwan para estudar em universidades comunitárias. Meu bloqueio com relação à matemática abstrata era tamanho que muitas vezes eles nem sabiam por onde começar. Eu analisava a maneira como se vestiam e como falavam e me perguntava se meus pais teriam sido como eles, décadas antes.

Já no penúltimo ano, eu concluíra todos os exercícios de matemática oferecidos pela escola, embora eu tivesse sacrificado minhas notas para fazer isso. Mas agora eu estava livre para me dedicar de corpo e alma ao jornal da escola, às minhas *zines*, ao clube de debates. Eu imaginava que precisaria ser realmente bom nessas coisas para compensar todos os Cs do meu boletim.

Um dia, meu pai me mandou um fax. Estava chovendo em Hsinchu. "Manhã ensolarada de Califórnia também influencia 'pensamento e comportamento'. Torna pensamento de pessoas 'radiante'. Não acha?" Eu não entendia por que ele estava sempre querendo saber do meu estado de espírito. Talvez tivesse receio de que eu sucumbisse à doença americana do tédio, ou coisa pior.

A morte de Kurt Cobain em abril de 1994 deixou uma sensação meio anticlimática. Já tínhamos chorado sua morte no mês anterior. Alguém ouviu dizer que ele morrera de *overdose* numa turnê pela Itália, e o boato se espalhou em minha escola. Só fomos descobrir que ele estava vivo no dia seguinte, mas, àquela altura, já tínhamos passado por vários dos estágios do luto. Eu estava na aula de jornalismo, recortei uma foto dele da revista e colei-a num *pin*, dizendo que iria usar aquilo para sempre.

Quando Cobain morreu de verdade, não fiquei particularmente surpreso, porque sua saúde parecia bastante frágil nos anos anteriores. Ele sempre dizia que tinha um problema estomacal debilitante. Um histórico de depressão corria em sua família. A pressão da fama e das turnês intermináveis pareceu exacerbar aquilo que ele vinha sentindo. A voz rouca e a postura encurvada não eram meras afetações; eram manifestações físicas de seu desconforto. Dizem que o vício em heroína foi sua maneira de lidar com tudo isso. Ele morreu de um tiro de espingarda autoinfligido em sua casa em Seattle. Sua morte foi um desses eventos que se tornam instantaneamente relevantes, como os relatos sobre o assassinato de Kennedy que o professor de história nos obrigou a ler. Cobain foi representativo de algo, mas talvez não de algo ao qual eu julgasse pertencer. Ele estava do lado de fora, só que eu me sentia ainda mais isolado. Mandei um *fax* para meu pai na noite do incidente. Não conseguia entender o suicídio de Cobain. Meu pai respondeu:

> Morte do Kurt também passou no jornal das 7 da noite aqui. Assisti na casa do Tio "Spock", durante jantar. É triste. Está passando agora na MTV um especial para homenagear.
>
> Concordo que é tragédia social, muita pressão. Se ele sentiu que estava além de controle ou criatividade ou sei lá, às vezes isso leva à conclusão de suicídio, sobretudo artista talentoso. Ele sentiu razão

de viver sumir. Às vezes, pessoa "normal" é mais fácil de adaptar à realidade repleta de situação não ideal que precisa de concessão. Esse é dilema da vida: você precisa encontrar sentido, mas, ao mesmo tempo, precisa aceitar realidade. Como lidar com contradição é desafio para cada um de todos nós. O que você acha?

Depois da morte de Cobain, houve matérias nos jornais e na TV que discutiam o que seu niilismo e sua escolha representavam para a juventude americana. Embora ele fosse demasiado popular para eu querer usar sua camiseta, fiz um livro de recortes com matérias sobre ele. Respondi no teste de francês da faculdade que a sociedade prejudicara Cobain e louvei-o por ter enfrentado o racismo, o sexismo, a homofobia. Era *tragique* que o tivéssemos destruído. Não passei no teste. Claramente, o *establishment* jamais nos entenderia.

A persona dele era mais reflexiva, conflitante e indefesa do que o esperado. Talvez o que eu julgara ser um ar descolado fosse inquietação, medo de se tornar vulnerável demais. Talvez nunca sejamos amados pelos motivos que achamos justos. Talvez as sementes de nossa rebeldia estejam fadadas ao esquecimento.

Semanas mais tarde, mandei para meu pai um *fax* com uma matéria que escrevi para o jornal da escola. Nela, eu falava sobre a morte de Cobain e o que ela dizia de nossa geração. Eu estava usando o termo com certa liberdade, pois Cobain era dez anos mais velho que eu. Eu achava que existia algo de especial em nosso tempo, nas pressões que sofríamos, na luta para permanecermos satisfeitos em dias sem finalidade. Havia uma porção de termos que soavam únicos para nós, como "disfunção", "distopia" e "ansiedade". Testei todos, mas nenhum deles me serviu. Eu assistia ao noticiário e via os fãs vestidos de preto, fazendo vigília num parque próximo à casa dele, chorando por dias nos ombros de estranhos. Aquilo demonstrava uma profundidade de sentimento que eu não conseguia entender. Mesmo assim, creio que fui um escritor persuasivo o bastante para preocupar meu pai.

Acho que matéria faz boas considerações. Uma importante é saber se você ama vida ou se odeia você mesmo e não aguenta mais. Cada geração tem problema. Para jovem, ser idealista e se sentir desamparado é ao mesmo tempo normal e necessário para progresso de sociedade. Mas problema é que vida existe e tem que continuar. Cada geração tem que enfrentar problema, seguir vivendo e dar seu melhor para superar frustração. Nos anos 1960, sociedade era bastante rica, mas guerra imoral do Vietnã desencadeou problema. Pensamento liberal é força positiva para sociedade. Dessegregação, direitos humanos e pacifismo também eram situação muito "frustrante". Alguns sobreviveram e continuam ativos, como Joan Baez, Bob Dylan, Neil Young. Outros não, como Hendrix, Joplin e Morrison.

O que eu quero dizer é que precisamos de idealismo, coração, compaixão social, meio ambiente etc. Mas também precisamos aceitar que existe maneira de mudar o mundo, ou parte dele, para melhor. Pode levar muitos anos, gerações, muita morte. Mas só emoção não vai mudar situação. Trabalho de verdade vai. Kurt é talentoso. Sem dúvida. E é importante. Morte dele precisa ser analisada seriamente. Nossa sociedade tem problema. Mas não pinte geração com estereótipo de "perdida". Creio que isso é verdade de toda geração em algum momento da vida.

O que você acha? Ao ler matéria, descobri que meu inglês é muito pobre. O que significa "disfunção"?

Novamente, precisamos ter emoção para diferenciar homem de máquina, robô etc. Mas também precisamos aprender a controlar emoção e não ser levado por ela. Concorda?

Eu tinha 16 anos e queria ser levado para longe. A faculdade começaria no outono seguinte. Eu sonhava com a ideia de um lugar novo e estranho. Los Angeles não era suficientemente distante. San Diego era chata. Seattle era distante, mas para um lado que não me servia. Eu queria ter uma saída para o mar. Eu me sentia jovem demais para Nova York. Boston também era chata. Eu me interessei pela John Hopkins até perceber que jamais me apaixonaria por uma faculdade chamada "John Hopkins". Na verdade, voar perdeu a graça depois de excessivas viagens cruzando o Pacífico. Meu pai queria que eu começasse a pensar em minhas opções. "Berkeley é boa faculdade com bom *campus*", ele escreveu. Era acessível, perto de casa e menos elitista que as "torres de marfim" da Costa Leste, às quais eu também poderia me candidatar, se quisesse. A única desvantagem, ele explicou, seria o "entorno". Ele não estava falando apenas de Oakland, embora isso também fosse um problema. Berkeley não era uma bolha como sua vizinha Stanford. O *campus* sangrava no mundo que o cercava – os perigosos vagabundos e os sem-teto que viviam no People's Park, os *hippies* exauridos que continuavam perambulando pela avenida Telegraph. Anos antes, em 1990, uma pessoa tinha feito reféns num bar do *campus*, o que resultou num confronto com a polícia que durara a noite inteira. Um estudante morreu e vários outros ficaram feridos antes que o criminoso fosse rendido.

A vida afastou meus pais da família deles. Mas eles ofereceram a outra face, procuraram fazer o melhor, respondendo por nomes quase parecidos com os seus. Então, por algum motivo, foram levados de volta para casa, só que agora suas famílias estavam se mudando para a Baía de São Francisco, para ter contato com os outros. Meus pais ansiavam pela estabilidade de uma rotina à medida que se desfaziam dos riscos e das variáveis. Queriam que eu adquirisse habilidades reconhecíveis; queriam que eu fosse bem-sucedido nelas, mas apenas o suficiente para parecer multifacetado. Berkeley era uma boa faculdade com um bom *campus*; quanto a isso estávamos de acordo. Mas eu queria estudar lá por causa das enormes fatias de *pizza*, da livraria de esquerda espremida no edifício-garagem, dos esquisitões que se esgoelavam no gramado em nome da liberdade de expressão e da legalização do aborto. Eu estava me matriculando num mundo de abundância, onde havia pelo menos três exemplares de cada coisa – sebos, lojas de discos, butiques *vintage* – num raio de quatro quarteirões.

Eu era um jovem americano, estava entediado, estava em busca do meu povo.

RIFFEY IN '96

Nas duas primeiras semanas de faculdade, todos andavam em bandos. Um dormitório cheio de estranhos tomava de assalto a videolocadora, tentando decidir coletivamente que filme alugar. Na cafeteria ao final da rua Bancroft, oito calouros ficaram espremidos numa mesa para dois, copiando o que a pessoa da frente pedira para beber. *Também vou querer um* mocha. Alguém mencionou um restaurante de burritos ainda melhor do que o da rua Haste, mas era preciso pegar o ônibus. E antes disso: saber usar o ônibus. A gente aprendia os apelidos e se informava sobre a reputação dos diversos dormitórios, depois tentava passar isso adiante como se fosse coisa nossa. *Chamam aquele lá de Bósnia.* Inutilmente eu tentava arregimentar um ou outro calouro desgarrado que quisesse fazer uma visitinha à loja de discos.

Além disso, havia as festas. Caminhávamos até a avenida Durant, passando pela avenida Telegraph, pela loja da Tower e pela Top Dog, rumo à região de Greek Row, onde as muitas fraternidades e sororidades ofereciam aos primeiranistas cerveja gratuita, rodas de amizade preestabelecidas e uma chance de se reinventar. Eu subia a rua, mas nunca ficava lá mais de uns poucos minutos. Eu me identificava como *straight edge* – um termo que aprendi com um garoto mais velho da escola.

*Straight edge* era um movimento derivado do *punk hardcore* dos anos 1980 que tinha como premissa a rejeição ética e semipolítica das drogas, do álcool e dos cigarros – os vícios que poderiam ser levados a extremos vulgares. Eu não entendia nada disso na época. Para mim, ser *straight edge* significava escutar música barulhenta e moralista, bem como julgar todos os que se divertiam em excesso. Parecia vagamente um tipo de rebeldia. Um zigue disciplinado e chamativo para contrastar com o zague desleixado das outras pessoas.

Eu morava em um quarto triplo em Ida Sproul Hall com Paraag e Dave, meus amigos de escola. O pai de Paraag viera da Índia para fazer pós-graduação em Berkeley nos anos 1960, e eles chegaram cedo no dia da mudança para tirar uma foto de Paraag nos degraus da praça principal. O pai dele tinha feito a mesma pose.

Cheguei por último naquele dia e precisei me contentar com a cama de cima do beliche de Paraag. A cama de Dave ficava empoleirada acima da mesa que eles dividiam. Deixaram para mim a escrivaninha em frente à janela. Cada um se tornou sinônimo do pôster colado em seu respectivo cantinho da parede: "As mulheres de Melrose" era Paraag, e Dave era o "Batman". Comprei um pôster da Björk tão imenso que precisei grudá-lo no teto, a poucos centímetros da minha cama. A cabeça dela era do tamanho do meu colchão; dormi debaixo do pôster por alguns dias até que aquilo começou a me assustar, e eu o tirei.

Optamos por morar os três juntos para suavizar a transição para a vida universitária, se bem que teríamos feito diferente se soubéssemos que o quarto triplo seria tão mais apertado do que um duplo. Paraag e Dave passavam boa parte de seu tempo livre explorando o ginásio e jogando basquete. Queriam se formar em administração. Eu não sabia o que queria fazer além de caçar bons álbuns.

Comecei a separar meus colegas de acordo com sua sensibilidade musical. Como critérios secundários, eu considerava o gosto deles para os filmes e para os livros, os pôsteres fixados nas paredes, se sabiam o que eram as *zines* e se compravam roupas de brechó. De acordo com essa minha tosca categorização do mundo, algumas pessoas seriam consideradas legais e outras, não. Esse último grupo era multitudinário. Meu negócio era gostar de *coisas*, e eu buscava essa virtude nos outros. Podia ser qualquer um, qualquer coisa. Um indiano com jaqueta de mecânico tentou me viciar num *heavy metal* artístico e obscuro, e uma menina de cabelo vermelho da minha aula de inglês quase me convenceu de que eu seria capaz de amar o *ska*. Talvez eu devesse me tornar um *punk* de verdade. Um segundanista de Berkeley que eu conhecia do clube de debate da escola me chamou para ir num *show* dos Groovie Ghoulies, na 924 Gilman, embora eu não os conhecesse nem soubesse como chegar lá. Mesmo ser um *straight edge* só comprovava minha suscetibilidade – o meu desejo de ser moldado para caber na gangue arruaceira do outro. Essa era a reinvenção que eu buscava.

Quando somos jovens, temos plena confiança em nossa capacidade de pensar numa saída para os problemas das gerações anteriores. Existem jeitos diferentes de envelhecer, caminhos que não envolvem o conformismo e a traição a si mesmo. Descobriríamos essas coisas juntos e seríamos diferentes juntos. Eu só precisava encontrar outras pessoas para serem diferentes comigo, um número crítico de outras pessoas para consolidar as possibilidades de um pronome coletivo.

Quando vi Ken pela primeira vez, eu o odiei.

Ken levava uma vida espalhafatosa demais, pelo menos para mim. Eu tinha conhecido centenas de cópias dele, centenas de vezes. Eu tinha 18 anos e estava apaixonado pela minha própria bússola moral, eternamente desconfiado de pessoas que tivessem facilidade para falar. Ele era o tipo de pessoa que eu queria evitar a todo custo – o convencional. Ken era ostensivamente bonito; a voz dele não traía insegurança. Ele morava no quarto andar, bem acima de nós, e o quarto dele estava repleto de lembranças do que ele tinha sido no Ensino Médio. Uma foto da namorada que ficou em casa, branca, loira e bonita para todos os padrões. Uma foto dele com os amigos, vestidos como árbitros esportivos, vaiando o time rival num jogo de basquete de sua cidade. Ele era educado, o que vinha a calhar em seu emprego de meio expediente como vendedor de calçados infantis numa loja de departamentos. Era perito em cativar tanto pais chocados com os preços quanto filhos impacientes. Sabia como curar ressacas, abria a porta para os outros. Pedia comida por telefone. Ele parecia ávido para se tornar adulto.

O Ensino Médio tinha sido um sonho para Ken, e havia poucos indícios de que isso mudaria na faculdade. Ele queria ser arquiteto. Na primeira semana de aula, foi escolhido por uma fraternidade colina acima como "o mais diverso", ele destacou. Estavam-no preparando para uma posição de liderança. Na casa deles, tocava Pearl Jam e Dave Matthews Band – bandas que eu odiava. Os irmãos da fraternidade usavam bonés de beisebol ao contrário. Havia copos plásticos por toda parte.

Agora que eu era universitário, eu queria me reinventar como alguém extrovertido, mas de um jeito que fosse charmosamente reflexivo. Alguém que soubesse um pouquinho sobre tudo e que gostasse de dar opiniões; era isso que eu queria transparecer quando escrevia minhas *zines*. Pelo menos, queria passar a impressão de que eu estava confortável com minha voz. Minha primeira aula na faculdade tinha cerca de outros quinhentos alunos. Você logo percebia quanto seria difícil manter o senso de individualidade que o trouxera àquele lugar. A aula menos populosa foi um seminário da grade de Paz e Conflito, para o qual nosso primeiro dever de casa foi passar uma semana inteira sem cair na tentação de culpar os outros por tudo.

Eu gostava da aula de inglês, por isso pratiquei a leitura de poemas em voz alta, porque, segundo um professor, só assim seríamos capazes de entender poesia, e eu queria mais do que tudo ser o tipo de pessoa que entendia poesia. Uma vez, no começo do semestre, reuni coragem para erguer a mão. Quarenta outros alunos de Letras olharam para mim enquanto eu tagarelava sobre o nome dos personagens de Ernest Hemingway. Um segundanista disse que eu estava errado; o instrutor de graduação concordou com um gesto solene de cabeça. Concluí que interpretação literária não era a minha praia e decidi focar nas ciências políticas. Voltei a ser o tipo de aluno que evitava exposição. Eu me sentava no fundo e escutava com atenção, raramente abrindo a boca para falar.

Ken passava muito tempo no terceiro andar do dormitório, porque, ao contrário do andar dele, o nosso era misto. Ele descia para organizar a turma para ir a uma festa ou para estudar no salão, que tinha varanda. Às vezes, ele vinha ao nosso quarto para checar seus *e-mails*, que todos consideravam um estorvo burocrático e estúpido. Todos conheciam as senhas uns dos outros, e uma ou duas vezes por semana, quando ninguém estava usando a linha telefônica, um de nós logava no computador de mesa, que o pai de Dave comprou para ele, e checava todas as caixas de mensagens. Eu nunca enviava *e-mails*, por isso nunca os recebia de volta, o que me perturbava, só que eu jamais admitiria isso. Mas Ken percebeu, e ele me chamava para o quarto aos gritos só para dizer que ele e Paraag estavam checando os *e-mails* e que a minha caixa de mensagens continuava vazia.

Eu era silencioso, e Ken era barulhento. Ele emanava confiança. Eu desconfiava de pessoas confiantes. Ele fazia perguntas por pura curiosidade, e eu fazia perguntas céticas ou friamente arrogantes. Na maior parte das vezes, eu não queria demonstrar quando não sabia de alguma coisa. *Ah, sim, já ouvi falar deles.*

Às sextas-feiras, eu pegava o ônibus até uma loja na avenida University especializada em álbuns importados do Reino Unido. Eu passava horas por lá, vasculhando os *singles* mais recentes, tentando em vão puxar conversa com funcionários impassíveis. Eu interpretava sua rispidez como prova de que eram legais em altíssimo nível. Eles me enxotavam quando eu perguntava sobre um novo lançamento que eu tivesse espiado atrás do balcão. Aquele álbum não estava à venda, eles diziam, pelo menos não para mim. Os clientes regulares tinham a vantagem de poder comprar antes. Eu sonhava em me tornar um cliente regular.

Eu retornava dessas minhas excursões à avenida University e encontrava Ken com as roupas de ginástica ensopadas de suor, sentado em minha cadeira, usando minha estimada caneca da *Teen Beat*. Ele, Paraag e Dave tinham acabado de chegar de uma partida de basquete no ginásio. Ele me chamava de Huascene – meu endereço de *e-mail*, adaptado de uma canção do Blur intitulada "Popscene". Ou então me chamava de "Rei do Baile", mas de um jeito que dava até para escutar as aspas feitas com dedos imaginários. Ken tinha dificuldade em aceitar que nossa escola pudesse ser tão iluminada e esquisita a ponto de me eleger o mais popular do ano, como forma de protesto. Ele era extravagantemente abusado, e eu nunca sabia se estava debochando de mim.

Os californianos em geral crescem com o sentimento de que são privilegiados só pelo fato de morarem na Califórnia. É o lugar aonde as pessoas sonham chegar. Sempre houve uma desconfiança mútua entre os moradores do norte e do sul da Califórnia, e 99 por cento das pessoas em Berkeley pareciam vir de um desses dois lugares. O único elemento unificador era que todos usavam chinelos da Adidas. Eu achava que os californianos do sul eram superficiais e irreverentes. Passavam muito tempo no sol. Enquanto nós, da região da Baía, nos destacávamos pela política e pela contracultura, eles eram conhecidos por causa da Disneylândia e de Hollywood. Parecia um pouco excêntrica a maneira como chamavam a rodovia de "cento e um" em vez de "um zero um". Ken cresceu em El Cajon, um bairro residencial de San Diego, e falava de lá como se fosse um lugar mágico e dourado. Perto da praia, clima perfeito, pessoas simpaticíssimas e as garotas mais lindas. Soava infernal e genérico para mim. Nem me preocupei em salientar que um grande crítico de *rock* chamado Lester Bangs cresceu em El Cajon nos anos 1960. *Nunca* que ele ia saber quem era o Lester.

O pai de Ken vendia seguros; e a mãe dele faria para mim um banquete dos deuses, com carne e frango, se algum dia eu fosse visitá-los. Ele admirava a irmã mais velha, mesmo que fizesse de tudo para não dizer isso a ela. Eles mimavam um *spitz* alemão esganiçado e agressivo chamado Chibi. Eles pareciam uma típica família americana, radiantes e otimistas de um jeito que eu considerava suspeito.

Meu pé-atrás com Ken era agravado pelo fato de ele ser ásio-americano como eu. Todas as outras pessoas felizes e equilibradas como Ken que eu tinha conhecido eram brancas. É uma dessas facetas obscuras de uma realidade já obscura o fato de as crianças nipo-americanas parecerem extraterrestres para outros asiáticos – imperturbáveis, amplamente imunes ao não pertencimento. Estavam livres desses sentimentos havia muito tempo. Famílias nipo-americanas como a de Ken já estavam no país havia muitas gerações. Os filhos de imigrantes recentes sentem desconforto num nível molecular, sobretudo quando fazem coisas simples como ir à pizzaria numa noite de sexta-feira ou quando tentam se passar por americanos. Temos certeza de que os americanos não se lembram do nosso nome. Os nipo-americanos com quem cresci tinham pais que se interessavam por futebol e por pescaria e avós cujas histórias sobre os campos de concentração eram recitadas sem vestígios de sotaque. Muitos deles nunca viajaram para o Japão, e alguns até tinham parentes que lutaram contra o Japão na Segunda Guerra. Somos todos parecidos, até você perceber que não somos, e aí você começa a sentir que duas realidades não poderiam ser mais diferentes.

* * *

Há muitas moedas de troca para a amizade. Talvez sejamos atraídos por alguém que nos torne alegres e esperançosos, alguém que sempre nos faça rir. Talvez existam amizades que sejam instrumentais, nas quais o encanto é algo concreto, e o apelo é o que podem fazer por nós. Existem amizades com quem conversamos apenas sobre assuntos sérios, outras que só fazem sentido na alegria alcoólica da noitada. Alguns amigos nos completam, enquanto outros nos complicam. Talvez não houvesse nada melhor neste mundo do que dirigir por aí, escutando música com os amigos, à procura de uma loja de *donuts* que ficasse aberta 24 horas. Ninguém diria nada, e seria perfeito. Talvez seu eterno fascínio pela harmonia finalmente tivesse começado a fazer sentido naquelas cenas em que você se via enfiado na perua da família, cantando "God only knows" em grupo, esperando no estacionamento até a canção terminar. Aristóteles certa vez disse que a amizade entre jovens tende a girar em torno da perspectiva do prazer. A vida dos jovens, ele observou,

> é guiada pela emoção, e eles buscam com mais intensidade o que julgam prazeroso e o que é trazido pelo momento. À medida que ficam mais velhos, coisas diferentes passam a se tornar prazerosas para eles. É por isso que fazem amizades tão rapidamente quanto deixam de ser amigos. Assim, quando outra coisa se torna prazerosa, a amizade também muda, e o senso de prazer do jovem se transforma rapidamente.

O *que é trazido pelo momento*: essa dimensão futura da amizade, a percepção de que vocês vão envelhecer, ou se separar, e que talvez possam precisar um do outro em circunstâncias imprevisíveis. Aprendemos na infância que a amizade é fortuita e transitória. Como estrutura, está repleta de desequilíbrios, de castas invisíveis, de mesquinhez, de insegurança, e essas coisas permanecem mesmo quando nos afastamos. Para alguns, a amizade deve ser constante e compassada. Para outros, é a intimidade esporádica de quando retomamos sem esforço as conversas e as piadinhas internas que por anos ficaram latentes.

Mas antes de tudo: uma união trazida pelo momento.

Quando *realmente* enxerguei Ken pela primeira vez, ele me pediu para ajudá-lo a comprar roupas. Os alunos tinham voltado das férias de inverno; Irami e eu estávamos de bobeira no salão do nosso dormitório. Eu acenei com a cabeça educadamente quando Ken apareceu com duas malas de viagem. O elevador que atendia aos oito andares do edifício estava quebrado, como sempre, e ele suspirou, mas de um jeito galanteador, hollywoodiano, como se aquele estorvo fizesse parte de uma cena. Irami, uma estudante de filosofia agressivamente reflexiva que morava no meu andar, bateu em meu ombro. "Vamos ajudá-lo." Queimei por dentro. Eu queria ficar amigo de determinadas pessoas no dormitório e acreditava que a inércia da proximidade física, algum dia, resultaria em intimidade. Eu encontraria um assento vazio no refeitório e teceria elogios à sua camiseta de brechó, ou ao seu *pin* irônico; e talvez pudéssemos sair juntos para ver umas bandas. Talvez nos cruzássemos na seção de filmes estrangeiros da videolocadora; eu ficaria até tarde da noite escutando seus problemas, depois lhe contaria meus segredos. Eu tinha ficado tempo suficiente perto de Ken durante o outono para concluir que ele não seria uma dessas pessoas. Ele parecia tão seguro de si, tão normal, nada nele me atraía. Peguei uma das malas e fiz o possível para bufar e suspirar o mais teatralmente possível enquanto subíamos a escada. Eu nem gostava daquele garoto, e lá estava eu fazendo trabalho braçal por ele.

Chegando lá em cima, Ken nos agradeceu. Virou-se para mim e perguntou: "Onde você compra roupa?" Ele se vestia bem, de um jeito rústico e genérico, uma camisa polo de cor diferente enfiada despojadamente nos *jeans* folgados. Tênis da Nike ou da Timberland no inverno. Eu me vestia como um vovozinho – um cardigã esfiapado, camisa de estampa floral com botões no colarinho, uma quantidade escandalosa de veludo, sapato da Dr. Martens de cinco furos com ponta *wingtip*. Supus que ele estivesse zombando de mim. Mas era sério. "Me ajuda a comprar roupa para uma festa da fraternidade?"

Eu não queria saber de festas, e, na minha opinião, nada podia ser mais chato do que uma fraternidade. Mas fiquei surpreso com Ken, e até impressionado, pois ele era claramente mais perceptivo do que eu pensava. Tinha enxergado uma intenção, enquanto os outros talvez pensassem que eu não tinha grana para comprar roupas e que, por esse motivo, comprava peças descombinadas e anciãs no brechó. Mesmo assim, continuei desconfiado; aquela tinha sido minha conversa mais longa com ele, ou com qualquer membro do esquema de fraternidades. Mas eu estava disposto a ensinar a ele como ser legal.

Na tarde daquele mesmo dia, nós nos encontramos no saguão e fomos a pé até uma cavernosa loja de roupas *vintage* na avenida Telegraph. Ele era um homem jovem, eu era um homem velho, e estávamos separando camisas de poliéster e *blazers* de gente morta, poeira para todo lado à medida que sacudíamos cada novo achado. "Tenho até medo de esfregar os olhos", ele disse, e eu amoleci. Ajudei-o a encontrar uma camisa amarelo berrante com lapela pomposa. Quando ele se viu no espelho, afetou uma cara de tristeza, como se a camisa estivesse sugando sua energia vital. Ficou perfeita. Mais tarde, fui a seu quarto para emprestar um cinto da Playboy comprado em

Taiwan como piada. Como ele não estava, deixei um bilhete desejando-lhe sorte e dizendo que o cinto completaria o *look*.

Depois descobri que a fraternidade de Ken estava dando uma festa temática dos anos 1970 e que o objetivo dele era se destacar com uma aparência espetacularmente chamativa. "Foi perfeito", ele disse, quando devolveu o cinto, dias mais tarde. Ainda estava um pouco eufórico. "Devíamos andar juntos."

Eu sentia uma curiosidade de etnógrafo a respeito de suas noitadas épicas, aquelas informações vindas de uma linha de frente radicalmente nova para mim. Nas noites de sexta-feira, em vez de ir às festas, eu costumava ficar lendo e escutando música. Eu me sentava no saguão do terceiro andar com uma pilha de CDs e uns livros sobre Marx e teoria da cultura, que me pareciam mais intuitivos do que poesia. Eu escrevia cartas para os amigos que estavam estudando na Costa Leste, desejando ter colegas tão cultos e refinados quanto os descritos por eles. Eu cumprimentava alegremente todos que saltavam do elevador, escutando suas histórias de desencontro, indagando-me por que a embriaguez exigia das pessoas que explicassem seu nível de embriaguez.

Ken percebeu que eu não saía. Mais importante, percebeu que eu queria ser notado por isso. Eu nunca tinha bebido, porém isso se devia mais ao fato de eu ser pedante do que um adepto da ideologia *straight edge*. Não podia nem pensar em diminuir minhas inibições perto das pessoas que eu sempre julgava em silêncio. Eu recusava educadamente os convites de Ken para ir à sua casa de fraternidade, dizendo que aquela vida não era minha "estética", mas eu me dispunha a tomar o café da manhã com ele na manhã seguinte.

O saguão do terceiro andar do nosso dormitório tinha uma varanda com duas espreguiçadeiras. A vista dava para o telhado do refeitório. Às vezes, as pessoas usavam o espaço para cortar o cabelo. Não era permitido fumar, mesmo assim todo mundo fumava. Certa noite, Ken viu que eu estava fingindo estudar e perguntou se eu queria fumar um cigarro na varanda, embora nenhum de nós fumasse de verdade. Ele me contou sobre a festa da qual estava voltando; e eu lhe falei de Heidegger, fazendo parecer que eu entendia sobre o assunto.

Isso se tornou nossa senha para quando queríamos conversar: *Preciso de um cigarro*. Uma fuga dos deveres de casa e dos ambientes lotados de estranhos, não importava. Íamos para a varanda falar das aulas, de garotas (eu não tinha com que contribuir), de sonhos distantes. Apoiados no parapeito, conversávamos em tom de conspiração, fingindo fumar para não sermos incomodados. Vez ou outra, alguém vinha pedir um cigarro e de alguma forma terminava se sentindo estúpido por achar que era isso que estávamos fazendo. Eu fingia tossir ostensivamente quando acendiam um cigarro. *Foi mal, eu tenho asma*.

De noite, Paraag, Dave e eu ficávamos deitados em nossos beliches, discutindo assuntos inúteis, porém sumamente importantes, como se Boyz II Men era melhor do que os Beatles. Por que nosso quarto, feito para três pessoas, era menor do que os quartos duplos? Quem teria comido as últimas chamuças indianas trazidas pelo pai de Paraag? Será que algum dia viveríamos o amor verdadeiro? Será que continuaríamos amigos nos quatro anos seguintes? *Mong e Lóide* ou *Billy Madison, um herdeiro bobalhão*? Será que Ken Griffey Jr. era o melhor jogador de beisebol do nosso tempo? De onde vinham as canções de Bob Marley que ressoavam exaustivamente em nosso quarto? *Arquivo-X* iria ter um final adequado? *Video game* era esporte? Passávamos a maior parte do tempo fazendo isso – peneirando os blocos de cultura como se fossem provas de uma cena de crime, projetando versões diferentes de nós mesmos de acordo com nossas lealdades e nosso entusiasmo. Não estávamos à procura de respostas. Não eram debates que pudessem ser vencidos: ter certeza era chato. Estávamos à procura de padrões que nos permitissem colocar o mundo em foco.

Ansiávamos por um novo contexto, criando rotinas que acabassem se tornando instintivas. Tentei apresentar a Alec, o descarado *hippie* que morava ao lado, a beleza triste de "Waterloo Sunset", dos Kinks. Durante algumas semanas, criamos o hábito de nos reunir em seu quarto ao fim do dia para escutar reverentemente a canção.

Às vezes, Irami e Ken se juntavam a nós. Paraag ouviu falar de uns rapazes do quarto andar que se revezavam para pagar a conta do almoço. Isso parecia mais maduro do que a maneira como fazíamos na escola, dividindo tudo em cinco partes, extorquindo uns aos outros em razão de qualquer dívida que ultrapassasse 75 centavos. Também queríamos ser adultos e magnânimos. Concordamos que iríamos nos reunir toda semana para jantar no Orchid, um restaurante chinês que ficava a poucos quarteirões do dormitório. Isso me lembrava as refeições em família na minha casa. Mas não estávamos acostumados a pedir comida chinesa nem sabíamos harmonizar os pratos de modo a compor um verdadeiro e equilibrado banquete. Fizemos isso algumas semanas, revezando-nos para pagar a conta da mesa, até que percebemos que os rapazes mencionados por Paraag tinham muito mais dinheiro que nós.

No começo, Ken e eu fumávamos de mentirinha porque estávamos entediados e tínhamos o mesmo amor pelos rituais; se você repete um gesto muitas vezes, acaba fazendo amigos de verdade. Certa noite, ele trouxe um maço de cigarros que tinha sido esquecido numa festa da fraternidade. Ele só fumava quando bebia, disse para mim, acendendo o cigarro. Como eu não bebia, imaginei que só fumar não seria problema. Gostei de imediato.

Se você repete o ritual muitas vezes, acaba se tornando um fumante de verdade. O ato de fumar cria pausas naturais na conversa. Quando você acende o cigarro é como se disparasse um cronômetro. Tínhamos de começar a discutir assuntos graves, acelerar o bate-papo para chegar depressa a sua intensidade mais íntima. Ken sempre parecia muito sério quando fumava, o olhar abatido, o cigarro pendurado nos lábios balançando para cima e para baixo enquanto a boca se mexia para falar. Eu adorava praticar diferentes maneiras de segurar meu cigarro. Apertado entre os dedos indicador e médio, como quem segura o *hashi*. Pinçado entre o polegar e o indicador, como quem esmaga um inseto. Próximo do nó dos dedos, entre o anelar e o médio, deixando metade do rosto encoberta a cada tragada. Aninhado na dobra do indicador, como um taco de bilhar, de modo que a parte acesa pudesse ser usada para gesticular e apontar.

Ken e eu partilhávamos teorias, buscávamos mitos que fizessem nosso mundo parecer mais real. Falávamos muito sobre TV. Tínhamos sido treinados para encontrar significados alegóricos, então é claro que sairíamos à procura de interpretações alternativas, desembrulhando as figuras de linguagem que norteavam nossa imaginação. Reviramos a memória para formar listas com todos os programas de TV antigos, toda a escalação do San Diego Padres de 1984. Não era por questão de inteligência, só queríamos saber quem se lembraria das referências mais aleatórias, quem tinha a opinião mais interessante sobre os filmes formativos da nossa juventude.

Naquela época, eu encasquetava com as coisas mais bobas. Eu não confiava em pessoas que colocassem a camisa para dentro da calça. Quando Ken tentou me fazer ouvir *rock* clássico – ou pior, Pearl Jam –, eu me encolhi de asco, como se ele estivesse oferecendo um vírus. Quando me contou seu plano de ir para Boston depois da formatura, admirei sua visão – que ia muito além de San Diego. Mas Boston era chato. Eu queria ir para Nova York. Quando ele começou a ler filosofia e teoria, mergulhei em filosofias e teorias ainda mais obscuras. Ele me recomendou um livro sobre hegemonia e socialismo de Ernesto Laclau e Chantal Mouffe. Zombei dos dois, como se fossem o Pearl Jam do pensamento pós-marxista – *Ah, sim, já ouvi falar deles* –, mas guardei os nomes na memória.

Muitas vezes, ele queria falar comigo sobre garotas, uma área do saber humano que eu conhecia apenas em teoria. Tudo o que o Ensino Médio me ensinou sobre paquera foi que *A lista de Schindler* não seria uma boa opção para primeiros encontros. Aquele era um aspecto da vida que eu ainda estava tentando desvendar. Enquanto isso, Ken usava palavras como "libido" sem nenhum traço de ironia.

Começamos a estudar juntos nas cafeterias e, quando necessário, na biblioteca. Às vezes, tomávamos o café da manhã na rua para que ele pudesse tratar a ressaca com carne, ovos e uma porção de panquecas. Eu achava suas histórias bizarras e divertidas: aquela vez que ele e os irmãos tentaram pregar uma peça na fraternidade rival roubando-lhes os botões do fogão e do forno; aquela vez que o irmão mais forte prendeu sua mão num pacote de salgadinhos Goldfish.

Quando o entusiasmo de Ken em ficar acordado até tarde, debatendo as entrelinhas subversivas dos filmes, superava minha própria empolgação, eu me perguntava se eu seria verdadeiramente único. Talvez o que me deixasse apreensivo fosse perceber que não éramos assim tão diferentes, no final das contas. Ele gostava de cutucar a persona que eu construíra para mim. Por que eu insistia em ser tão estranho? O que me levava a sempre pedir o item mais diferente do cardápio? Tudo isso não seria um artifício para ser notado pelos outros? Sobretudo, ele diria em tom acusador: "ser notado pelas garotas artísticas e alternativas"? E também não era verdade que eu já tinha tido, ainda que brevemente, o primeiro álbum do Pearl Jam?

Saíamos à noite para dar umas voltas com o Volvo que eu herdara de minha mãe. Eu fazia fitas para esses passeios, canções *pop* barulhentas que ressoavam nos painéis da porta. Numa dessas noites, ele apontou para uma montanha. "Vamos lá em cima." Como não fazíamos ideia de que caminho tomar, simplesmente seguimos em frente, aproximando-nos aos poucos, expulsos das ocasionais ruas sem saída, tendo que fazer o retorno e tentar de novo. No fim, encontramos o sopé da montanha e começamos a subir para além das luzes, até ficarmos completamente no escuro. Dava para ver toda a região leste da Baía. Ken estava tentando memorizar o trajeto para utilizar esse conhecimento quando tivesse o próprio carro. "Traz a Sammi aqui, Huascene." Sammi era uma garota artística e alternativa que morava no quinto andar. Eu queria ser seu amigo porque ela usava uma jaqueta de golfe verde bem legal. *Claro, até parece*, escarneci.

Ken acreditava que tudo o que fazíamos tinha o intuito de atrair as garotas. A maneira como nos vestíamos, a música que escutávamos, nosso senso de humor. Ser uma pessoa sensível e politicamente engajada, fazer *zines* e fitas personalizadas. Tudo se resumia a transar. *Não*, protestei com uma indiferença exagerada. *Como pode ser tão grosseiro? Nada do que eu faço é por atenção.* E se ninguém entendesse as minhas referências?, ele perguntou. *Que jeito de pensar mais canhestro*, respondi. *Algumas pessoas me entendem*, continuei, e Ken me deixou falar até que eu entrasse em contradição. *Eu simplesmente gosto das coisas que eu gosto. Não faço isso para ser notado... Quero dizer, não por todo mundo. É diferente do que você faz. Tipo, eu não acredito em atração física; o que importa é o intelecto...*

Ele apenas balançou a cabeça. *Atração não é só aparência física*, continuei. *Acho que chamar a garota de "gostosa" é reducionista e desumanizador*. A atitude benevolente àquela altura seria me deixar falando, porque, uma hora, meus argumentos desesperados chegariam ao fim. Agradeci o fato de ele ser generoso e não querer apontar minhas inseguranças. Talvez esse fosse o significado de ser conhecido, a sensação de estar exposto e ser transparente.

* * *

Ken nos passou um endereço de fora do *campus* com instruções para que chegássemos por volta das cinco. Tínhamos de subir a escadinha de mão até o fim, na direção do barulho. Dave, Paraag e eu acabamos no terraço de alguém onde cerca de vinte rapazes desconhecidos faziam um churrasco meia-boca. Ken começou a nos apresentar. Não havia nenhuma garota, e por mim estava tudo bem. Alguns deles rodearam Dave casualmente; depois, como se seguissem uma espécie de coreografia, fizeram o mesmo com Paraag, depois comigo, interrogando-nos discretamente a respeito de nossa cidade natal, a especialização que pretendíamos fazer e se tínhamos ingressos para a temporada de futebol do Cal.

Eu não sabia de quem era a casa. Fagulhas voavam por cima da beirada e caíam lá embaixo nos carros. Finalmente consegui fugir de uma conversa com um colega de ciências políticas cujo nome não cheguei a guardar. Então encontrei Ken, que tinha ficado encarregado de grelhar os hambúrgueres. *A gente pode ficar aqui em cima?*

"Quem se importa?", ele disse. "Já estamos aqui."

Depois de mais umas rodadas de bate-papo, percebi que todos ali eram membros da fraternidade de Ken e estavam sondando Dave, Paraag e eu como irmãos em potencial. *Vocês estão... nós estamos sendo sondados, admitidos, sei lá como se fala?*, perguntei baixinho, um pouco ofendido, um pouco lisonjeado. Eu gostava de Ken e até admirava um de seus irmãos, Derrick, um estudante de engenharia que era paternal e divertido e morava em nosso dormitório. Imaginei-me como irmão deles por um segundo. Ken corou. "Sim, como você é legal, pensei que talvez estivesse interessado." Entregou-me uma miniatura de hambúrguer, dura e chamuscada. "Pegue um briquete, Huascene." Olhamos para aquele pedacinho de carne queimada e rimos. "Não se preocupe com os rapazes. Apenas se divirta."

No final dos anos 1980, o filósofo Jacques Derrida ofereceu uma série de seminários a respeito da amizade. Ele era, na época, um dos filósofos mais famosos do mundo, tendo se tornado sinônimo da ideia de desconstrução. Derrida queria mexer com nossa fixação em criar sentido por meio de dicotomias – discurso oral *vs* discurso escrito, razão *vs* paixão, masculinidade *vs* feminilidade. Essas ideias aparentemente contrárias, na verdade, construíam-se mutuamente. Só porque um conceito prevalecia sobre o outro, isso não queria dizer que um deles fosse estável ou autodefinido; por exemplo, a cis-heteronormatividade existe apenas por causa da contínua marginalização da noção de *queer*. Os métodos de Derrida exigiam um exame mais minucioso do que estava sendo perdido ou suprimido: fazendo isso, diziam seus seguidores, perceberíamos que os conceitos que antes nos pareciam naturais estavam repletos de contradições. Talvez ao aceitar essa confusão fôssemos guiados para modos de viver mais conscientes e inteligentes.

Os seminários de Derrida foram publicados em 1994 num livro intitulado *Políticas da amizade*, que continha densos mergulhos associativos nas ideias de Aristóteles, Nietzsche, Kant e Carl Schmitt, o teórico político. Os seminários se debruçavam sobre uma frase atribuída a Aristóteles, *o philoi, oudeis philos*, que costuma ser traduzida como: "Ó meus amigos, não existem amigos" – uma proposição estranha que ao mesmo tempo afirma e nega a si mesma. Há quem desconfie de que Aristóteles tenha querido dizer algo mais simples, tal como: "Aquele que tem muitos amigos não tem amigo nenhum". Mas Derrida estava interessado no aparente paradoxo contido em sua tradução preferida. Ao focar na tensão inerente a conceitos como amizade e inimizade, vida pública e privada, os vivos e os "fantasmas", ele imaginou que poderia nos conduzir à perspectiva de novas conexões.

Conheci um estudante do Departamento de Retórica de Berkeley que ia de avião para Irvine toda semana somente para assistir às palestras de Derrida. Depois retornava ao *campus* e vinha me contar quão perto ficara da lenda. Boatos davam conta de que um dos mais importantes pensadores de seu tempo amava um Taco Bell. Eu nem sabia que Derrida estava vivo nessa época, quanto mais que passou parte dos anos 1990 em lugares como Irvine. Eu só sabia que Derrida era importante.

Nas salas de aula, nós nos confrontávamos com versões empobrecidas de suas discussões, aplicando seu abrangente ceticismo às verdades repassadas que compunham nosso mundo. Tudo o que aprendíamos colocava em xeque nossas ideias preestabelecidas. De repente, comecei a chamar qualquer coisa que tivesse sido desmontada de "desconstruída". Tudo que fosse estranho virou "pós-moderno". De fato, talvez não existissem verdades. A própria palavra não queria dizer nada. Como tínhamos chegado a um acordo sobre o significado das palavras, para início de conversa? Discutir essas coisas era divertido. O multiculturalismo, a inclusão das mulheres e das minorias no cânone, tudo isso ainda parecia importante. Mas o que fazer se o problema fosse a própria noção de padrões e hierarquias? Os críticos da desconstrução de Derrida temiam o que poderia acontecer caso seguíssemos essas indagações. Talvez tivéssemos de buscar nuances e refinar nossas posições políticas para sempre. Como poderíamos sonhar juntos se não tivéssemos valores em comum?

Era difícil desaprender a utilidade das dicotomias. Elas tornavam o mundo tão mais claro. Eu me definira por aquilo que eu rejeitava, e essas escolhas tendiam a formar um viés político. Diziam respeito à sua percepção do mundo, ao que se esperava dele. Alinhar-se a esta banda e não àquela. Ler *zines* em vez de assistir ao noticiário corporativo. Eu escolhera o sarcasmo livresco do Blur em oposição ao Oasis, cujo corpo de fãs parecia ter sido dominado por atletas incultos. Então escutei o último álbum deles no primeiro semestre da faculdade e decidi que ambos eram péssimos. Havia mais escolhas do que eu supunha de início.

Certa noite, quando estávamos no dormitório, Ken apareceu em nosso andar, resfolegando quase teatralmente. Tinha acontecido alguma coisa. Ele foi de quarto em quarto. Precisava de nossa ajuda. Mas não das garotas. "Explico no caminho."

Fomos juntos até uma loja de conveniência. Ele comprou uma braçada de Snapples e entregou duas garrafas para cada um. Uma fraternidade rival atacou um de seus irmãos. Ele estava bem, não estava tão ferido, mas agora iríamos quebrar umas janelas por vingança. *Espera, como é que é?*, protestei. *O que quer dizer com "nós"? Nós nem participamos da sua fraternidade idiota.* Ele fez um discurso capenga sobre lealdade, fraternidade e negação plausível. Éramos irmãos dele, ainda que não oficialmente. Nós o seguimos colina acima, apesar dos pesares; ninguém queria desapontá-lo.

Nós nos dividimos em duplas e subimos a rua Bancroft. Fiquei alguns passos atrás do grupo. Ken caminhou tranquilamente até a casa e atirou sua garrafa na janela da frente. Antes mesmo de escutar o vidro estilhaçado, eu já estava correndo de volta para nosso ponto de encontro na quadra da Unidade 1. Corri o mais rápido que podia, ouvindo sirenes a distância, indagando-me se seríamos presos, percebendo que aquilo tinha sido uma estupidez. Pensei em todas as outras coisas terríveis que estariam acontecendo em Berkeley naquela noite. O irmão de Ken era digno de ser vingado porque Ken era digno de ser ajudado. Cheguei primeiro à Unidade 1 e percebi que ainda estava segurando minha garrafa de Snapples. Procurei em vão um cesto de lixo reciclável, joguei-a fora e fiquei esperando. Ken foi o último a chegar. "Nunca vi você correr tão depressa", ele disse, rindo. "O Huascene deu no pé antes de eu atirar a garrafa." Retornamos para o dormitório, onde fomos ovacionados como heróis.

Na faculdade você aprende a conviver com outras pessoas, e Ken sabia fazer isso num nível instintivo. No dia seguinte, comprou quatro sanduíches, e os comemos sentados nos bancos da Bancroft, de frente para a fraternidade rival, para podermos rir silenciosamente da única janela vedada com tapume. Foi como ganhar o Super Bowl. Ken sabia usar as pessoas – não de maneira abusiva, mas ele sabia como convencê-las. Era capaz de inspirar os outros a fazer coisas estranhas e sabia esperar. Derrida dizia que o que movia a amizade não era a busca de alguém semelhante a você. Para o amigo, ele escreveu, era mais importante "conhecer do que ser conhecido". Eu sempre tinha pensado que fosse o contrário.

Para teóricos como Derrida, a vida moderna está cheia de pessoas atomizadas que procuram um centro de equilíbrio e questionam as engrenagens da vida. A escrita dele é famosa por ser intrincada, cheia de citações e termos obscuros. As coisas estão *sempre já* acontecendo. Mas refletir sobre os próprios relacionamentos emprestava às suas ideias e à sua escrita uma espécie de clareza desesperada. A intimidade entre amigos, ele escreveu, acompanha a sensação de se reconhecer nos olhos do outro. Continuamos conhecendo um amigo mesmo quando ele não está mais presente para nos devolver o olhar. Desde aquele primeiro encontro, estamos sempre nos preparando para a eventualidade de vivermos mais do que ele, ou o contrário. Já estamos pensando em como nos lembraremos dele no futuro. Isso não precisa ser uma coisa triste. Para amar a amizade, ele escreve, "precisamos amar o futuro". Escrevendo na esteira da morte de seu colega Jean-François Lyotard, Derrida pondera: "Como posso deixá-lo em paz sem abandoná-lo?" Talvez prestigiar as ideias de nossos falecidos amigos seja a melhor maneira de expressar nossa amizade, abrindo caminho para uma nova forma de discurso, menos focada nos sobreviventes e em sua dor.

Sempre éramos obrigados a ler coisas para as quais não estávamos preparados. Como Foucault poderia fazer sentido nos primeiros dias de faculdade? Mas a gente lia mesmo assim, com a esperança de, algum dia, ser capaz de citar Adorno ou Hegel. Por enquanto, a gente sublinharia as partes que pareciam se aplicar a nossa vida, a nossa perspectiva, reduzindo esses sistemas filosóficos a algo que fosse usável, como um súbito desdém pela Nike. Tudo aquilo ainda faria sentido no futuro – talvez quando fôssemos terceiranistas.

O presente era chato. Vivíamos para o futuro. A juventude é a busca por uma espécie de pequena imortalidade. Você quer deixar um legado. Quer gravar um *single* e entregá-lo ao mundo, à parte do mundo que não morre jamais, que ganha uma sobrevida nos cestos de objetos usados e nos brechós. Quer encartar suas *zines* e seus manifestos em jornais espalhados no *campus*, revistas abandonadas na cafeteria, sua palavra contra a deles. Quer pichar as iniciais de outra pessoa no chão do estacionamento. Quer se arrojar a um futuro no qual seja possível olhar para trás e se lembrar daquele complicado aperto de mãos secreto e rir de quão bobo você era, se conseguir se lembrar.

Buscávamos um tipo modesto de infâmia. Ken e eu costumávamos estudar numa mesa da biblioteca que ficava na zona intersticial onde várias fraternidades e sororidades asiáticas se encontravam para flertar. Eles tinham uma dignidade diferente; reivindicavam o orgulho de ser asiáticos e pareciam estrangeiros para nós. Rolávamos de rir fazendo mímicas silenciosas de longos solos de bateria, arrastando pacotes de jujuba de um lado para o outro, como num jogo lento e errático de *air hockey*. Acima de nós, havia um quadro comemorativo com uma pintura de um velho branco. Abaixo dele, estavam listados os nomes de todos aqueles que tinham ganhado aquele prêmio que levava seu nome. Tínhamos mania de escrever nossos nomes em pedacinhos de papel e colá-los nos espaços vazios, imaginando quanto tempo levaria até que fôssemos notados.

Estávamos no terraço do dormitório, logo após o jantar, esperando o pôr do sol. Era o finzinho de maio – e o começo da estação das camisetas e dos *shorts*, embora eu ainda preferisse o suéter de lã listrado que eu acabara de comprar no brechó. Descobrir como se chegava ao topo do Ida Sproul Hall foi uma das últimas curiosidades que matamos antes de sairmos de lá. Em breve, seríamos segundanistas morando fora do *campus*, espalhados em Berkeley ou talvez em Oakland. Corriam boatos de terceiranistas que moravam lá embaixo, em São Francisco. Talvez precisássemos de bicicleta ou de carro para visitarmos uns aos outros. *Tem ônibus para lá?* Penduramos a câmera no pescoço e nos revezamos para subir a escadinha de serviço.

A luz se mostrava rica de possibilidades. Você queria acreditar que não havia melhor tempo nem melhor lugar do que aquele, do que agora. Estávamos num grupo misturado com gente do terceiro e do quarto andares, além de Anthony, que pertencia a outro dormitório, mas nunca recusava uma aventura. Fotografamos uns aos outros, um monte de fotos coletivas de pessoas que não chegavam a ser amigas. Estávamos unidos agora em virtude daquele momento, pois todos teríamos problemas se alguém nos visse lá em cima. Do alto do décimo andar, a torre do relógio parecia tão próxima que poderia ser tocada, e o *campus*, antes vasto e incognoscível, descortinava-se como algo integrado. O sol estava se pondo. Dava para ver quão caótico era o cenário, com seus auditórios, escritórios, laboratórios, bosques e dormitórios que subiam a montanha até não poder mais.

Tenho uma foto de Ken. Seus cotovelos estão apoiados no parapeito. Ele está levantando o olhar, da câmera para a Baía de São Francisco. Talvez esteja olhando para além disso, talvez esteja ponderando onde irá pousar naquele vasto espaço. A foto é dele olhando, não daquilo que ele está observando.

Ken estava sempre antecipando o futuro. Um sussurro durante o *trailer*: "Vamos ver esse filme quando for lançado." Um dia, no horizonte, quando tivéssemos dominado a imensidão do *campus*. Quando seu boné dos Cuban Sugar Kings estivesse desbotado, desgastado pelo uso, mas de um jeito elegante, a aba curvada na medida certa. Quando esse lugar em nosso sofá passasse a ser o lugar dele. Terceiro ano, caminhos traçados, correndo atrás de uma especialização apaixonante. Quando fôssemos visitá-lo em El Cajon, e ele nos levasse a Barona. Quando ele se tornasse o irmão mais velho e experiente com quem os noviços de aspecto juvenil se aconselhavam. Quando ele completasse 21 anos e ele já pudesse tomar uma ocasional Newcastle Brown Ale. Autorizado a tomar uma Samuel Smith's Nut Brown Ale. Autorizado a tomar uma Zima. Livre para entrar no bar e beber qualquer coisa que quisesse, na quantidade que quisesse. Mas antes disso: uma rodada cerimonial de *shots* de aniversário.

Quando os Padres voltassem a jogar bem. Quando a jaqueta da Abercrombie, aquela azul e vermelha, estivesse disponível novamente. Quando tivéssemos mais grana, e uma porção extra de *sour cream* no burrito não parecesse uma extravagância. Quando fôssemos veteranos e estivéssemos escrevendo nossos TCCs. Quando estivéssemos formados – o mundo real à nossa espera. Quando ele estivesse em Boston, fazendo pós-graduação, atirando amendoins no Fenway Park. Quando fôssemos adultos que se lembram das idiotices feitas durante a adolescência.

Antes de tudo isso, o próximo cigarro. Arranca a fitinha, tira o invólucro de plástico. Bate no pulso. Puxa o sortudo que saiu. Um maço de cigarros novinho, vinte outras conversas.

Paraag, Dave e eu sobrevivemos à pequenez de nosso apartamento triplo – que, em raríssimas ocasiões, tornava-se quádruplo – como amigos. Encaramos juntos uma linha telefônica única, que tinha de ser compartilhada, várias brigas mesquinhas, inúmeros desentendimentos sobre quem teria de passar o aspirador de pó, uma batalha contra o mofo, o medo íntimo de não conseguirmos nos sobressair numa turma de primeiro ano com cerca de 8 mil alunos. Nada disso significava que queríamos continuar morando juntos. Paraag mudou-se com Sean para um apartamento atrás da Blockbuster da rua Channing. Um conhecido da escola, que era um ano mais velho que nós, convidou Dave para morar em seu quarto vago. Enquanto fazíamos as malas, naquele último dia antes da mudança, sentíamo-nos eufóricos quanto aos novos começos. Henry, nosso vizinho, foi de quarto em quarto para documentar o evento com sua câmera. "Tha Crossroads", de Bone Thugs-N-Harmony, tocava em vários aparelhos de som. Eu fingi ignorar a câmera, então pulei na frente dela, gritei a parte que dizia "bone bone bone" e saí correndo.

Anthony e eu nos mudamos para uma casinha de dois quartos na rua Dwight. Ken nos acompanhou para passar o local em revista na última semana de provas, com a esperança de que ele pudesse acomodar três pessoas. Depois de uma rápida olhada, decidiu morar na sede da fraternidade.

Nossa casa ficava a cerca de cinco quarteirões do *campus*, o que parecia uma penosa distância. O fato de os inquilinos anteriores terem deixado para trás um sofá, um jogo de pneus de corrida, uma mesa de desenho e uns vinis de 12 polegadas de *hip-hop* deu-nos a impressão de que estávamos subindo na vida. Agora tínhamos um sofá. Eu podia ter aulas de desenho, quem sabe me tornar um arquiteto, como Ken. Podíamos turbinar meu Volvo e começar a fazer uns rachas na rua, se quiséssemos.

Conheci Anthony por meio de Paraag e Dave, que costumavam sair com amigos de Saratoga, uma de nossas escolas rivais. Anthony estudava administração. Uma das primeiras coisas que trouxe para nosso apartamento foi uma foto emoldurada com pilhas de dinheiro e os dizeres "Meu primeiro milhão". Decorei meu quarto com *zines* e panfletos anticorporativistas que peguei numa livraria de esquerda. Na época da escola, Anthony tinha morado sozinho no centro de Saratoga, então ele claramente sabia se cuidar. Em seu primeiro ano em Berkeley, trabalhou como entregador numa cafeteria e usou o que ganhava para alavancar a venda de camisetas falsificadas nos jogos de futebol americano da equipe da Cal. Eu não fazia ideia de como ele conheceu os *DJs*-arquitetos-pilotos de corrida que moraram lá antes de nós, mas isso não me surpreendia. Ele vivia a vida intensamente. E, o mais importante, sabia cozinhar.

Havia um cantinho na cozinha com mesa e bancos embutidos cujo aspecto de sujeira parecia remontar aos anos 1980. Jogamos um lençol sobre o sofá e colocamos um tampo de madeira sobre os pneus para fazer uma mesa de centro. Incorporei os vinis de 12 polegadas à minha coleção particular. Comprei umas mesinhas triangulares que pareceram legais a princípio, mas ficaram balançando. Agora, finalmente, eu tinha espaço para meu aparelho de som, para meu toca-discos. Nossa varanda tinha vista para a rua Dwight. Durante a primeira semana, sentei lá fora com uma tela e umas bisnagas de tinta acrílica e tentei pintar.

Ken tinha retornado para El Cajon. Ele me mandou uma carta me pedindo para sempre abrir a minha caixa de mensagens, pois, naquele verão, ele pretendia usar o *e-mail* da AOL de seu pai. Eu perdi a viagem para o sul que uns amigos fizeram depois das provas finais, e ele me contou o principal. Era bom estar em casa, ele escreveu na carta, mas ele não via a hora de voltar logo para Berkeley. Despediu-se com uma de nossas piadas internas cuja origem se perdeu: "*Stay true!* [Seja sempre você mesmo], Ken."

Anthony e eu fizemos uma festa para comemorar o fato de estarmos morando no apartamento mais distante do *campus* entre as pessoas do nosso círculo de amizades. Eu nunca tinha organizado uma festa; meus preparativos resumiram-se a gravar uma fita personalizada que foi rapidamente colocada de escanteio no momento em que os convidados chegaram e quiseram escutar um som não depressivo. Nem eu nem Anthony bebíamos, mas as pessoas estavam livres para trazer vodca, cerveja, qualquer coisa. Era verão, e muitos dos nossos amigos permaneceram em Berkeley para fazer aulas eletivas ou para trabalhar no varejo. Ken chegou de carro para a festa. Trouxe um presente para a casa nova: um jogo de copos. Pareceu tão prático e adulto. Isso é tanto para vocês quanto para mim, explicou, assegurando que nos visitaria com frequência para usar os copos. Ele também me deu um presente antecipado de aniversário, uma vez que estaria viajando no dia. Um organizador de madeira feito para guardar endereços, números de telefone e cartões de visita. Disse que aquilo era para eu manter contato com os leitores das minhas *zines*. Puxou um dos cartões em branco e escreveu nome e endereço, depois arquivou-o na letra "i". "Vamos manter contato", brincou.

Logo a gente terminaria nosso relacionamento com isso que chamam de tempo livre. Já não nos sentíamos entediados, pois sempre havia o que fazer, o que comprar, uma coisa nova para pesquisar, para aprender ou uma conversa na qual se intrometer. Mas, naqueles dias, nada podia ser melhor do que uma sexta-feira sem planos, na qual eu pudesse ficar sozinho e trabalhar em minhas *zines*. A amplidão de uma noite livre, escrevendo para aparecer nas minhas próprias frases, mesmo que ninguém mais fosse ler. Uma série de cruzadas unilaterais, todos aqueles manifestos que circulavam entre seletos grupos de dois ou três. Era somente em minhas *zines* que eu me permitia sonhar com coisas grandes. Na vida real, eu temia colocar os pés num mundo excessivamente grande e fracassar. Mas escrevi coisas que eram sinceras e íntimas, coisas que eu não ousaria dizer em voz alta.

Sammi estava tentando sublocar um quarto para meados de junho ou julho. Tentei parecer intenso quando lhe disse que pretendia passar o verão pintando e editando minhas *zines*. Sammi era de Nova York, nem do norte nem do sul da Califórnia, o que fazia dela a pessoa mais legal que eu conheci em Berkeley até então. Ela se prontificou a me ajudar com as *zines*. Eu ia ao apartamento dela todos os dias, com dois sanduíches e um saco de Doritos. Escutávamos seu CD do Mojave 3, enquanto trabalhávamos na mesinha de centro. Eu não conhecia Mojave 3, mas suas canções eram perfeitas, como testemunhar uma coisa linda que estivesse acontecendo em câmera lenta. Eu desejava andar pelo mundo com aquela convicção. Como eu julgava os outros em razão de sua coleção de CDs, eu tinha Sammi na mais alta estima. Escrevi inúmeras resenhas exaltadas para *singles* obscuros de *power-pop* canadense, imitando os estilos hiperativos que eu lia em outros lugares. Comparadas aos poemas de Sammi, que, em virtude de não fazerem sentido para mim, soavam profundamente originais, minhas contribuições para as *zines* de repente pareceram banais e óbvias.

No segundo ano de faculdade, tornei-me oficialmente um estudante de ciências políticas, atraído por quão fácil era não dizer nada nas aulas e, ainda assim, tirar notas excelentes. Eu media meu progresso escutando pessoas que falavam muito e imaginando se eu também teria sido capaz de gerar os mesmos *insights*. Minhas aulas, em geral, ficavam lotadas de brancos gregários, amigáveis, vindos de cidades praianas, a caminho de se tornarem advogados, e, por esse motivo, meu maior desafio consistia em reunir coragem para levantar a mão uma ou duas vezes por semestre, somente para não ser reprovado pela nota de participação. Eu não queria ser advogado, embora fosse difícil imaginar carreiras alternativas. Aos poucos, fui percebendo que minha inquietação criativa, que me tornava cético quanto à possibilidade de ainda haver coisas novas e originais a serem ditas, era um tanto ou quanto genérica. Eu não conseguia publicar nada pelo *The Daily Cal*, o jornal da faculdade. Eu provavelmente não era um artista. Com certeza, não prestava como pintor. Estava em busca de um motor narrativo, de algum tipo de fagulha que organizasse meu excesso de energia. Talvez, se tivesse sorte, eu conseguiria conciliar meu amor pela pesquisa com um trabalho para um *think tank*.

Eu queria me tornar fluente em filosofia e teoria cultural, por isso me matriculei em cursos do Departamento de Retórica. O seminário de retórica que eu tinha feito no primeiro semestre de faculdade nos recomendou ler Foucault com um mínimo de supervisão; imaginei que essa abordagem autônoma fizesse parte do *éthos* pedagógico radical do departamento. Havia boatos de que os professores de retórica eram os únicos no *campus* que podiam fumar em seus escritórios.

Eu não sabia o que era retórica, exceto que era uma palavra que eu vinha usando erroneamente desde a época da escola. *Isso é pura retórica*, eu dizia, quando tentavam fazer passar por fato o que eu julgava ser opinião. Os cursos oferecidos pelo departamento não seguiam nenhuma lógica e abrangiam de tudo – Aristóteles, televisão, as estruturas do significado, a natureza da identidade, a futilidade da linguagem. Um verbete de dicionário definia "retórica" como a arte da persuasão. Nada disso fazia sentido para mim. Talvez eu estivesse certo no final das contas: tudo era, literalmente, *retórica*. Eu achava isso empolgante.

Ken já não queria fazer o curso de arquitetura. Agora queria cursar direito, e, como a arte da persuasão lhe pareceu útil, ele também experimentou fazer aulas de retórica. Fiquei contente por ter um aliado nessas minhas estranhas aventuras, alguém com quem me comparar. Fizemos juntos um curso introdutório de linguagem focado no que significava "executar" uma promessa. Desenhei no caderno de Ken imagens do nosso professor, que cavalgava o púlpito de uma maneira quase erótica. Tivemos aulas avançadas sobre a filosofia do tempo. Cada lição soava como uma conversa que teríamos se estivéssemos drogados, ou assim eu imaginava. Lemos Heidegger e Wittgenstein, aplicando as partes que compreendíamos à criação de histórias de ficção científica, deliciando-nos com as infinitas possibilidades oriundas de bifurcações na linha do tempo, os paradoxos, os *loops*, a catástrofe que poderia acontecer caso dois passados divergentes se encontrassem. Talvez existisse uma saída para esses enigmas na qual ninguém tinha pensado ainda.

Eu ansiava por um futuro que ocorresse em outro lugar, uma nova cena onde minha estranheza fosse confundida com indiferença. A faculdade era fácil, e eu estava cercado de pessoas que gostavam de mim ou que, pelo menos, me toleravam. Mas eu era terrivelmente evasivo com elas. Eu sempre deixava uma saída para mim mesmo, um alçapão para escapar caso me oferecessem uma nova aventura, a aventura que eu julgava merecer. Eu esperava ansiosamente pela chegada de um tempo em que eu fosse o artigo já concluído, no qual minha percepção do mundo pudesse ser expressa de maneira natural e espontânea, sem pistas que revelassem a existência pregressa de esboços grosseiros.

Tenho uma foto que Anthony tirou no outono daquele semestre, na nossa casa. Ele estava sempre tirando fotos, como se tivesse sido designado para documentar nossas vidas. É outubro de 1996. Paraag, Ken e eu estamos sentados na minha cama, debaixo de um quadro branco com calendário que ocupava toda a parede. Sammi e eu tínhamos desenhado o calendário durante o verão. Eu o usava para manter um registro dos deveres de casa, do dinheiro que eu gastava diariamente, das datas de lançamento de CDs e filmes, das coisas engraçadas que os outros diziam ("Hua tem muito a dizer, mas acha que tudo é perda de tempo"). Paraag apareceu para dar um "oi". Está encurvado, os cotovelos apoiados nos joelhos, sorrindo, como se estivesse testando seu ângulo mais confiante. Ken está entre nós dois, inclinando-se para mim de um jeito brincalhão. Eu acabei de cortar o cabelo, estou usando uma calça *jeans* com bolso carpinteiro e a minha camiseta favorita do Fred Perry. Estou imprensado contra ele, tentando arrancar risadas por roubar seu espaço pessoal. Meus olhos estão fechados; finjo que estou lambendo sua orelha. Ken afeta uma aparência de descontentamento. Olha diretamente para a câmera com um sorriso de perplexidade, como se fosse um homem sério sofrendo numa cena de comédia pastelão.

Ken veio estudar, mas acabei de comprar dois CDs, e um deles repousa na beirada da minha escrivaninha: *From the Muddy Banks of the Wishkah*, uma coletânea de gravações ao vivo do Nirvana. Eu tinha gravações clandestinas que soavam como se alguém tivesse jogado um cobertor pesado sobre o microfone de Kurt Cobain. Mas as *performances* nesse CD soavam urgentes e cristalinas. Fiquei impressionado com o fato de existir mais Nirvana neste mundo. Eu os tinha abandonado no ápice de sua fama. Agora que não eram mais tão populares, eu sentia um carinho nostálgico por suas canções.

O mistério das gravações póstumas recém-descobertas sugeria que também poderíamos descobrir coisas novas sobre nós. As canções de Cobain descreviam um presente sufocante – o presente dele. Era estranho pensar que aquela aflição, que definia sua realidade, pudesse avançar no futuro, para além de sua vida, de modo a permitir que também partilhássemos dela e que a adotássemos como uma coisa nossa. Era tentador enxergar tensão e luta em todas as partes do CD, sinais do que viria a acontecer. Depois que Cobain morreu, cada detalhe de sua vida teve de se encaixar numa narrativa de ascensão e queda. O tédio, a frustração, a ansiedade, a solidão, a alegria: tudo foi esclarecido depois, embrulhado num mesmo pacote, como a força tempestuosa que o conduzia, e não mais como as texturas perturbadoras que definiam seu dia a dia.

Ken também gostava de Nirvana, só não quando estava tentando estudar. Ele ficou chamando minha atenção de volta para o texto. Imaginei que ele seria do tipo que só começou a gostar da banda depois que "Smells Like Teen Spirit" estourou. Ele preferia Pearl Jam. Certa vez, tinha feito grandes sacrifícios para encontrar um lado B da banda, contou, orgulhoso. Era um sinal de crescimento pessoal, pensei comigo, que eu pudesse ser amigo de alguém que gostava tanto assim de Pearl Jam. No entanto, quanto mais tempo passávamos juntos, menos certeza eu tinha dessas distinções. Ken era legal de um jeito que não tinha nada a ver com dominar áreas do conhecimento que fossem arcanas e aleatórias. Ele se sentia bem consigo mesmo, quer estivesse falando com as garotas nas festas da fraternidade, quer estivesse me acompanhando à loja de discos, e a travessia de um mundo a outro não exigia nenhum esforço de sua parte.

A gente constrói um mundo a partir das coisas que compra. Tudo que adquirimos é um possível portal, uma pequena mudança cosmética que pode desabrochar numa versão nova de nós mesmos. Uma camiseta ousada a partir da qual você construa uma nova personalidade, uma mesinha triangular que renove todo o ambiente, aquele calhamaço que os estudantes de inglês mais descolados carregam debaixo do braço. Você compra para transmitir sua aflição a uma pequena tribo, na esperança de encontrar, na fila do caixa, a única outra pessoa que comprou o mesmo item obscuro que você. Talvez eu também me torne o tipo de pessoa que coloca livros como *Graça infinita* em sua despojada mesinha triangular. Talvez eu me torne o tipo de pessoa que sente vontade de comprar o livro, mas prefere não fazê-lo. Passei horas na Amoeba Music, trilhando sempre as mesmas seções reduzidas ("*rock*" e "*indie*"). Havia toda uma ala destinada a *jazz* e a algo que chamavam de *world music*; e eu queria ser o tipo de pessoa que entendia esses gêneros e, consequentemente, o próprio mundo. Uma vez, comprei um vinil de 12 polegadas de música *jungle* só por causa de uma descrição lida na revista. No começo, achei que o disco estivesse quebrado, pois não reproduzia nada além de uma batida nervosa e uma linha de baixo que fazia a agulha sair do lugar. Onde estava o resto da música? Então compreendi que tudo tinha sido feito para soar daquela maneira, que a linha de baixo era um portal para um lugar novo, e fiquei louco para escutar mais. Comecei a pegar panfletos de *raves* nas cafeterias e nas lojas de discos. Era empolgante pensar que o mundo guardava ainda mais músicas por ouvir.

Da mesma forma, existe uma intimidade quando fazemos compras com outras pessoas, quando nos deixamos ser arrastados para lojas que, de outra maneira, teríamos evitado. Eu ia com Ken a lojas de roupas masculinas impregnadas de almíscar só para ele comprar uma jaqueta ou um boné de beisebol, e, em troca, ele me acompanhava à Cody's, a livraria que ficava de frente para a Amoeba e tinha a maior seleção de revistas que eu já tinha visto. Eu sempre me demorava mais do que ele nessas lojas. Ele explorava pacientemente as seções que não me interessavam ("Estilo de vida masculino"), enquanto eu buscava *zines* novas, quadrinhos independentes e revistas especializadas em música europeia. Um dia, ele comprou duas publicações inteiramente novas para mim. Uma delas foi a primeira edição da *Maxim*, que parecia carregada de uma libido caricatural, com modelos de roupa de banho e as últimas bugigangas tecnológicas. Ele me garantiu que as matérias seriam muito mais inteligentes do que eu pensava. A outra era uma revista local, curtinha, chamada *Might*. Ele foi fisgado pela pergunta provocativa que estava estampada na capa: "Pessoas negras são mais legais do que as brancas?".

Um dia, Ken veio perguntar se poderia escrever para minhas *zines*. Às vezes, ele fazia o dever de casa enquanto eu escrevia cuidadosamente meus discursos anticonsumistas ou resenhava outras *zines* que eu também admirava. Eu o cozinhei como se estivesse indeciso quanto a lhe dar ou não sua grande chance. Nossos interesses eram tão diferentes. Como eu nunca ousaria publicar suas opiniões musicais, ele me escreveu um ensaio curto sobre Wally Joyner, o astro do beisebol que acabara de ser contratado por seus amados San Diego Padres para a temporada de 1996. Imprimiu e me entregou. *Isso não combina muito com o que estou tentando fazer. E meus leitores são mais cosmopolitas... Não se importam com... beisebol.* Ele suportou minhas críticas com compostura e reescreveu o texto na forma de um artigo de opinião, intencionalmente crivado de clichês, que versava sobre os fãs do mundo esportivo, os azarões e as hipocrisias do meu time de infância, os San Francisco Giants. Eu lhe disse que o publicaria numa edição futura, mas preferi arquivá-lo.

Passei a me inscrever em grupos de mensagens especializados em música *indie*. Os *e-mails* já não eram um estorvo burocrático e estúpido. Eram agora uma razão para voltar correndo para casa depois da aula. Eu estudava as recomendações e as referências recebidas nesses grupos com mais afinco do que me dedicava às leituras da faculdade. Os *e-mails* eram como uma nova modalidade de escrita, com sua própria maneira de expressar perspicácia e intimidade. Um dos membros do grupo morava na rua Fulton, bem perto de mim. Ele me convidou para sua casa certa noite e mostrou os álbuns gravados por seus amigos. Era legal conhecer uma pessoa que conhecia pessoas que tocavam numa banda. Mas eu me sentia mais confortável trocando *e-mails* com ele. Escrevi mensagens longas, de peito aberto, para membros de Chicago, Halifax e Madri que nunca pensei em conhecer. Troquei fitas personalizadas e *zines* com pessoas que pareciam sofisticadas só por não terem endereços de *e-mail* terminados em ".edu".

Eu me sentia um pouco mal por excluir Ken desse mundo que eu estava descobrindo. Ele me disse que também gostaria de conhecer pessoas que conheciam pessoas que tocavam numa banda. Por outro lado, eu sabia que nada do que eu fizesse realmente abalaria sua confiança. Ele achava que as pessoas eram naturalmente boas e compreensivas. Eu via uma coleção de CDs ruins e tomava isso como prova de fraqueza moral. Essa parte de mim nunca passou para ele. Pelo contrário, ele suportava minha zombaria e me pedia para gravar as músicas do Mojave 3 e do Push Kings. Mais tarde, comecei a me perguntar o que ele tirava das minhas *zines*. Toda vez que ele expressava ceticismo quanto ao *status quo*, eu me sentia um pouco vitorioso – *Junte-se a mim no cinismo desesperado!* Talvez eu o tivesse influenciado com a estrela de feltro vermelho que recortei e prendi na jaqueta, dizendo a todos que eu era marxista.

Um dia, perto do meio do semestre, nosso professor nos mostrou *A pista*, um curta-metragem feito pelo cineasta francês Chris Marker. Era uma história simples sobre uma civilização futura que tentava usar a viagem no tempo para se salvar da destruição. Sentimos a empolgação de confrontar ideias grandiosas e complicadas, tentando enxertar nosso conhecimento básico de física em nosso conhecimento ainda mais básico de Heidegger. Fiquei fascinado com o minimalismo de Marker. O filme consistia numa série de imagens paradas em preto e branco, com raras narrações ao fundo. Creio que apreciei sua engenhosidade num nível mais profundo; ela me lembrava as *zines*. Convenci-me de que também seria capaz de fazer um filmão apenas com imagens estáticas e uma narração, se eu tivesse uma boa história.

Aluguei uma fita VHS de *A pista* e voltei para casa para assisti-la sozinho. Ken também gostou do filme, e me pediu para avisá-lo quando eu fosse reprisar. Eu me distinguia pela ferocidade com que protegia meus apegos; havia algo de único no meu fascínio pelo filme, algo que Ken jamais entenderia. Eu era possessivo quanto a gostar das coisas. Eu comprei o livro de Heidegger recomendado pelo professor, ao passo que Ken simplesmente fotocopiou o meu. Nós dois curtimos *A tênue linha da morte*, outro filme exibido pelo professor; só que eu fui além e comprei a trilha sonora para escutar enquanto dirigia. Eu queria reivindicar Marker como uma coisa minha. Dei a Ken uma estimativa bastante vaga de quando iria reassistir. Mas eu estava sendo bobo. Ele me visitava quase todo dia, e o aluguel da fita era de apenas uma semana; não fazia sentido pagar multa só para assistir sozinho.

Ficamos fascinados novamente. *A pista* tinha 28 minutos; não dava trabalho nenhum rebobinar o filme para assistir repetidas vezes, enquanto discutíamos seus paradoxos e suas possibilidades. Embora eu não fizesse questão de manter um senso de ecletismo, eu gostava de dividir essa sensação de assombro com outras pessoas.

*A pista* se passa após a Terceira Guerra Mundial. Os únicos sobreviventes da raça humana vivem no subsolo. Os cientistas descobriram uma maneira de enviar pessoas para a frente e para trás na linha do tempo, só que a maioria dos viajantes enlouquece no processo. Eles acabam encontrando um prisioneiro que é mentalmente forte o bastante para suportar a missão de "chamar o passado e o futuro em auxílio do presente". Ele é assombrado por uma memória de infância de antes da guerra. Ela lhe aparece em lampejos: uma mulher bonita esperando no aeroporto, um homem morrendo quase em seus braços. São fragmentos de uma história que ele é capaz de sentir, mas não de contar.

Porém, o poder da memória parece conduzi-lo de volta ao passado, emprestando-lhe um tipo de resiliência que outros viajantes não têm. Ele não percebe que a memória é um aviso – que é ele quem morre, porque os poderosos não precisarão mais dele depois que o mundo for salvo. Ele se vê preso num *loop* no qual tudo que está fadado a acontecer acaba acontecendo. Assistimos uma, duas, três vezes; e, em todas elas, o mundo dele sempre termina.

* * *

Ken aprendeu sozinho a acender o fósforo com uma mão só, curvando o palito para fora da cartela e raspando-o na parte áspera. Pratiquei até conseguir fazer também. Nós nos tornamos fumantes de verdade, deliciando-nos com o ritualismo da coisa. Certa vez, fizemos um intervalo no estudo para fumar e ele me contou de uma visita que fez à ex-namorada. Eles ficaram juntos durante o Ensino Médio, mas, depois de uns semestres na faculdade, era como se isso fizesse parte de outra vida. Estavam sentados no deque de uma casa no lago, os dedos dos pés resvalando na água. Ela achou o dia radiante e gostoso, quis tomar um sol. "Minha vida sempre foi um sonho", ela disse para Ken. A garota era popular, generosa e bonita; vivia confortavelmente, mas não o suficiente para ser mimada. Não que essas coisas fossem um problema. Afinal de contas, Ken amara a garota, amara toda a bondade que ela personificava. O problema era outro. "Acredita que ela falou isso?", Ken disse para mim.

Não entendi. *Você ainda gosta dela? Quer voltar a ficar com ela?*

Não, não era isso, ele disse, suspirando. Agora parecia desapontado comigo também.

Tragou o cigarro. "Minha vida sempre foi um sonho", repetiu. "Um sonho." Ken ficara surpreso por ela achar que ambos sentiam a mesma coisa. "Minha vida nunca foi *um sonho*."

Amizade é conhecer o outro, e não ser conhecido. Ken às vezes experimentava meus velhos cardigãs surrados, minhas camisas de grosso poliéster, numa tentativa de entender por que eu parecia um mendigo. Era seu jeito de lidar com o que eu enxergava, com a razão de eu me portar daquela maneira. Ouvi-lo falar sobre suas desilusões teve o efeito de desestabilizar minha compreensão de quem ele era. Eu me comprazia em ser o cínico brincalhão, confortável num estado de permanente não pertencimento. Ele era a pessoa menos cínica que eu conhecia, tanto que eu realmente imaginei que sua vida tivesse sido um sonho. Pensei em fazer uma piada sobre o perigo de se apaixonar por pessoas brancas, mas preferi deixá-lo quieto com seus pensamentos. Percebi quão errado eu estava em presumir que sua vida fosse uma brisa permeada de invencíveis matizes dourados. Naquela hora, até senti que queria protegê-lo, surpreso e ligeiramente admirado com o fato de ele se prender a visões tão grandiosas do que a vida podia oferecer.

Lembro-me da primeira vez que vi Jesse Jackson falar nos degraus do Sproul Plaza, em nosso primeiro ano de faculdade, exigindo que nos levantássemos em defesa da ação afirmativa. Foi extraordinário estar tão perto de um herói e ser chamado por ele a participar da história. Semanas mais tarde, ele voltou, impulsionado por outra causa, depois lá estava ele de novo, meses mais tarde, exortando-nos a tomar partido e a lutar. Parecia que Jesse Jackson estava sempre no *campus*.

Fazíamos parte de alguma coisa. Em novembro de 1996, os californianos votaram a Proposição 209, que pretendia eliminar a ação afirmativa das admissões escolares e dos contratos governamentais. Naquele semestre, arranjei um emprego no centro de tutoria do *campus*, onde auxiliava colegas que precisavam de ajuda com trabalhos escritos. Comecei a admirar a diversidade do *campus* de trás de uma escrivaninha de uso comum, enquanto via os futuros engenheiros e líderes empresariais dividindo o espaço com jogadores de futebol e com os estudantes de primeira geração de Oakland, que tinham sido criados à sombra de Berkeley. Alguns de nós estavam lá em razão de talentos visíveis e arrojados, outros em razão de seu potencial, e todos tínhamos muito a ensinar uns aos outros.

Saí para as ruas assim que ficou claro que a Proposição 209 seria aprovada. Naquela noite, dirigi-me para a torre do relógio no *campus*. Um grupo de alunos ativistas tinha se acorrentado ao parapeito no topo do edifício, recusando-se a descer até que a lei fosse derrubada. Uma mulher veio nos contar que Mario Savio, o famoso defensor da liberdade de expressão dos anos 1960, tinha acabado de morrer. A aprovação da Proposição 209 teria sido demais para ele, assim pensamos. Alguém pegou o megafone e começou a recitar o discurso de Savio, que falava em nos jogarmos contra o aparato e colocarmos nossos corpos dentro das engrenagens da máquina, para colapsar todo aquele sistema odioso. Eu me perguntava quantas pessoas faltavam para isso ocorrer.

Eu seguia a multidão aonde quer que ela me levasse. Às vezes, parecia que os anos 1960 não tinham acabado. Havia lembranças para todo lado. Eu lia todos os livros que conseguia encontrar sobre os Panteras Negras, depois eu os via em Berkeley ou em Oakland, homens velhos ainda envergando os casacos de couro do movimento, como se fossem jaquetas de futebol dos anos de glória de times amadores. Prendi na minha parede uma foto dos velocistas John Carlos e Tommie Smith erguendo os punhos nas Olimpíadas de 1968. Então percebi que meu professor de sociologia tinha estado com eles na Cidade do México. Ele lhes deu a ideia de fazer aquilo.

Passei a frequentar a Biblioteca de Estudos Étnicos para ler jornais dos anos 1960 que falassem sobre o movimento e para fotocopiar imagens para as minhas *zines*. Eu fazia fotocópias de fotocópias de velhos panfletos de protesto até que eles se tornassem coisas abstratas, desgastadas e turvas. As minhas *zines* já não existiam como um esquema para arrancar CDs gratuitos de outras pessoas; agora eu as via como parte de um *éthos* político mais amplo que incluía a autodeterminação e a liberdade de expressão.

Eu estava no mercado de pulgas da avenida Ashby num fim de semana quando encontrei um senhor mais velho chamado Melvin vendendo lembranças dos Panteras Negras – reproduções coloridas de pôsteres antigos, *pins* de Huey Newton e Bobby Hutton, discursos gravados em fitas cassete. Comprei uma fita de Stokely Carmichael e um *pin* de Fred Hampton. Melvin estava vestido como os homens das fotos que ele vendia. Ele se juntou aos Panteras ainda jovem, nos anos 1960, e continuava publicando um jornal chamado *Commemorator*. Eu me voluntariei para ajudar, se necessário.

Duas semanas depois, numa manhã chuvosa de sábado, fui de carro à lojinha do Comitê de Comemoração do Partido dos Panteras Negras, em Oakland. Fui recebido por Melvin e outro homem. Ambos usavam jaquetas de couro e não sabiam muito bem o que fazer com meu desejo de ajudar. Ofereceram-me café numa xícara de isopor.

O outro homem tinha sido membro original da divisão de Seattle. Perguntei se ele estava presente durante um famoso tiroteio que constava em minhas leituras ou se cruzara com Leonard Peltier, o ativista indígena que atuara no noroeste do Pacífico. Ele fez uma pausa para tomar um gole de café e decidir se seria mais eficiente me entreter ou me decepcionar. "Ah, sim", disse por fim, olhando para a xícara. "Eu me lembro dele."

Melvin me mostrou o computador. Precisavam de ajuda para formatar algumas matérias. A próxima edição, ele explicou, trazia uma reportagem importante sobre um linchamento misterioso ocorrido em Anderson, cidadezinha do norte da Califórnia. O corpo de um homem negro de 30 e poucos anos foi encontrado pendurado numa árvore. Passei o resto do dia copidescando textos, ajustando as legendas das fotos e me certificando de que os saltos de página estivessem corretos. Uma foto em preto e branco do corpo mutilado da vítima estampava a capa. Mexer nos tipos de fonte e nas margens parecia uma tarefa demasiado trivial em face de tamanho horror. Quando terminei, Melvin voltou ao escritório para me agradecer. Deixei com ele meu endereço para que me enviasse outras edições. Ele pediu que eu distribuísse as cópias excedentes entre meus colegas. Era 1997, Melvin disse, e a Klan estava ressurgindo. Ele não parecia assustado nem paranoico, apenas resignado. A Klan nunca desaparecera de verdade.

Como teriam sido os anos 1960 realmente? Nossa proximidade com essa época histórica fazia tudo parecer ainda mais impossível. Por toda parte, havia sobreviventes dos eventos narrados em *Berkeley nos anos 60*, um filme que documentava a nobre tradição de protestos da universidade, exibido durante a semana de orientação vocacional. Alguns deles ainda vagavam pelo *campus* com cartazes-sanduíche, recitando manifestos ao vento. Outros estudaram e se tornaram professores, decepcionados com o fato de nossa geração estar separada em múltiplas causas de nicho, desperdiçando energia com coisas pequenas e insignificantes. Eles tinham interrompido uma guerra.

Um iraniano-americano da nossa turma iniciara um curso sem notas, administrado por alunos, que tematizava o falecido Tupac Shakur. Certo dia, numa aula de literatura medieval, ele começou a pensar no *rapper* recentemente assassinado, em como o *hip-hop* permitia que nossa geração repensasse noções de heroísmo e boas maneiras. Ele elaborou um plano de aulas e uma lista de leituras que incluíam várias questões, desde o envolvimento de Afeni Shakur com os Panteras Negras até a inserção do *hip-hop* na cultura *mainstream* dos anos 1990. O curso era sério, mas repórteres de todos os cantos vieram afetar espanto porque agora era possível aprender *rap* nas faculdades.

Era empolgante imaginar que qualquer um de nós poderia contribuir para o catálogo de cursos com assuntos assim tão ousados e estranhos. Seria este o mundo pelo qual nossos predecessores lutaram? A diversidade do *campus* seria um sinal de sucesso ou um indício de que todos nós poderíamos acabar na mesma trajetória burguesa e chata? Pac estava desestabilizando nossas ideias preconcebidas a respeito de um currículo básico ou estava sendo acolhido como um bandido americano, mais uma prova de que o país tinha a capacidade maligna de acomodar qualquer um?

Ken me contou sobre um curso avançado de retórica que ele estava fazendo no qual a discussão se voltou para questões raciais. Os alunos começaram a se atacar, traçando linhas divisórias entre negros e brancos. Era como se ele estivesse descrevendo uma terrível briga de bar. "Uma garota branca começou a chorar", ele disse, depois mais gente começou a chorar. Não estava claro de que lado ele ficara na discussão nem se notaram sua presença. Falas sobre conivência, vitimização e daltonismo racial foram atiradas de um lado ao outro da sala, acusações passaram raspando por sua cabeça, e ele estava no meio daquilo, nem negro nem branco, analisando os gestos e os detalhes que ninguém mais percebia. Ken não chorou. Ele quase não foi visto. Enquanto descrevia os colegas e seus tipos, parecia ao mesmo tempo energizado e confuso.

Nós dois éramos asiáticos e conhecíamos todos os estereótipos que nos descreviam como estudiosos de baixo custo. No entanto, vínhamos de mundos diferentes. Recordo-me de como era esquisito quando às vezes ele se esquecia de tirar os sapatos para entrar na minha casa. Quando eu era criança, os nipo-americanos ofereciam um modelo estranho do que nós, imigrantes mais recentes, poderíamos nos tornar – uma ponte, gerações à frente, para um senso de pertencimento que não exigisse esforço. Assisti a um seminário fascinante sobre os campos de confinamento para japoneses durante a Segunda Guerra e fui falar com Ken. Ele tinha parentes que cresceram nesses campos de concentração, ele disse, recordando-se do relato de crianças que não tinham ideia do que estava acontecendo porque passavam o dia inteiro brincando. Fiquei surpreso – e com um pouco de inveja – com o fato de ele ter conexões tão nítidas com a história que estávamos estudando nos livros.

Pensei que isso explicava por que éramos tão diferentes. Ele se sentia no direito de reivindicar a cultura americana de um jeito que era impossível para mim. Ele costumava brincar que sua vida teria sido muito diferente se ele tivesse recebido um nome como Hiroshi Yamasaki, em vez de Ken – que era fácil e convencional. Eu não tinha objeções a labutar pelas beiradas, mapeando um mundo pequeno dentro do maior. O sonho de me tornar um escritor amplamente lido caiu por terra em meu primeiro ano de faculdade, quando meus textos foram rejeitados pelo *The Daily Cal*, o jornal do *campus*. No começo do segundo ano, encontrei um panfleto da *Slant*, uma revista ásio-americana de longa tradição no *campus* que dois veteranos pretendiam relançar. Usei um semestre de experiência na *Slant* para descolar um estágio no jornal comunitário de Chinatown, no qual eu escrevia sobre festivais de cinema, exposições de arte e encenações no teatro local. Trabalhar para um jornal normal, que pessoas normais conhecessem, parecia algo impossível. Mas isso não me incomodava, eu estava feliz encurralado em meu canto, contanto que o canto fosse meu.

Por um tempo, achei Ken muito parecido com Henry Cho, um comediante coreano-americano que fazia *stand-up* na TV a cabo. Cho era dono de um sorriso fácil e acolhedor, um sotaque arrastado e cheio de modulações. Sua graça estava em observar a realidade para tecer comentários do ponto de vista de um asiático no sul do país. Respostas suaves e divertidas para o racismo cotidiano. Eu trouxe do estágio um pôster de Cho e segurei-o próximo do rosto de Ken. Cho não era muito talentoso nem muito engraçado, e Ken pensou que eu estivesse debochando dele. Pelo menos você se parece um pouco com uma subcelebridade, expliquei, alguém que está na TV.

Certo dia, um diretor de elenco do *The Real World* foi à casa da fraternidade de Ken à procura de participantes em potencial para seu *reality show*. Eles costumavam patrulhar as fraternidades com essa finalidade, montando pontos de encontro informais nos *campi* por todo o país e depois oferecendo audições formais para os candidatos que parecessem interessantes. Ken ficou curioso e foi conferir. Eu tinha certeza de que ele seria escolhido. Até comecei a fantasiar sobre como eu poderia transformar seu sucesso na TV em material para minhas *zines*. Mas, se ele esperava ser descoberto, jamais admitiria para mim.

Todos estavam no salão, esforçando-se ao máximo para projetar uma imagem que fosse ao mesmo tempo misteriosa e acessível para a equipe da MTV. Na contramão disso, Ken foi perguntar à diretora de elenco por que o programa nunca tivera um rapaz ásio-americano. *The Real World* procurava representar uma variedade de tipos e identidades. E quanto a nós? "A mulher disse que não temos personalidade para esse tipo de coisa", ele me contou.

Comecei a debochar do programa e também de qualquer um que tivesse a pretensão de aparecer nele. Nunca pensei em procurar a mim mesmo no cinema ou na TV. Afinal, éramos legais demais para aquela porcaria. Mas era uma questão de princípio, ele explicou. Nossa geração era mais esclarecida, tolerante e colorida do que todas as outras. Víramos muros desabarem. Não haveria espaço para pessoas como nós na versão da realidade daquela poderosa diretora de elenco?

Ken queria enxergar a si mesmo no mundo. Era como se estivesse descobrindo apenas agora que isso talvez não fosse possível. "Sou um homem desprovido de cultura", ele disse, e fiquei surpreso tanto com o tom dramático daquele sentimento quanto com o fato de ele já se considerar um homem.

Naquela época, passávamos horas conversando sobre *sitcoms*, tentando nos lembrar dos mais estranhos que ficaram apenas uma temporada no ar, identificando todos os clichês e os tipos de personagens que faziam da TV algo tão agradavelmente previsível. Criamos uma lista com todas as vezes que víramos um entregador de comida asiático ou um coadjuvante asiático orbitando o grupo de amigos principal. Pensei que estivéssemos apenas matando o tempo, mas Ken estava montando sua teoria sobre o mundo.

O que realmente significa ser você mesmo? Por volta daquela época, em meados dos anos 1990, o filósofo canadense Charles Taylor começou a pensar em como as pessoas do passado lidaram com essa questão da identidade individual. Antes, não havia nada disso. Você nascia numa posição definida, preso a uma hierarquia, e tinha de aceitar que essa era a ordem natural das coisas. Com a dissolução das velhas amarras feudais, novas possibilidades de mobilidade socioeconômica surgiram, e essa transitoriedade infectou a alma. As pessoas começaram a questionar se haveria uma essência inata debaixo das camadas de nossa superfície. Ou talvez não apresentássemos nada de inato e estivéssemos num contínuo processo de autodescoberta, autocriação e revisão. Para alguns, isso significava estar eternamente em busca, eternamente à deriva; já para outros, a possibilidade de reivindicar a própria identidade era empoderadora. Mas todos buscávamos a mesma coisa: aquela qualidade que fazia você ser você.

Taylor chamou isso de autenticidade, e ela se tornou o horizonte inalcançável da vida moderna. É um conceito que só faz pleno sentido em sua ausência; reconhecemos a inautenticidade, a falsidade, quando alguém está claramente sendo pedante. No entanto, o esforço para se sentir autêntico é muito real, por mais que estejamos prevenidos quanto a isso. No pensamento de Taylor, cada um de nós se torna uma espécie de artista que luta criativamente com os parâmetros do próprio ser. Ele descreveu essa perspectiva como algo em que "ser autêntico comigo mesmo é ser autêntico com minha própria originalidade, e só eu posso articular e descobrir tal coisa. Ao articulá-la, eu a defino". Embora tudo isso possa parecer um pouco egocêntrico, ser autêntico não é algo que aconteça no vácuo. A construção da personalidade é um jogo, um jogo que exige que você duele com as expectativas dos outros. A autenticidade, Taylor explicou, pressupõe diálogo e nasce da interação com as pessoas ao redor. Todos buscamos reconhecimento, ainda que você queira escutar de um amigo próximo que você é um esquisitão *sui generis* que jamais será compreendido.

Naquele inverno, virei uma noite para terminar a quinta edição da minha *zine*. Havia uma página dedicada aos meus *websites* favoritos ("um *site* incrível sobre Karl Marx", "gravações ao vivo de Pavement, tudo em RealAudio"), histórias sobre as *raves* nos armazéns de Oakland onde eu ia dançar sozinho, a cobertura de um festival de cinema ásio-americano que eu fiz para o estágio no jornal, um poema escrito por uma bela skatista que conheci por meio de Anthony. Fiquei triste quando recebi seu poema e constatei que era sobre o rapaz de quem ela gostava, e esse rapaz não era eu. Obviamente: muitas resenhas de *singles* bonitinhos em discos de 7 polegadas que promoviam a timidez como virtude. Uma matéria de duas páginas a respeito dos meus lugares favoritos para andar de *skate* no *campus*, uma lista dos meus sete filmes favoritos de Hong Kong na década de 1980.

"*Zines* são uma metáfora para a vida", escrevi na nota de boas-vindas. "Sua criação, sua voz, sua vida... uma forma de expressão que ninguém pode perverter, mas que pode ser aceita/odiada por todo mundo... Crie, destrua, subverta. Ninguém se importará com o que você não disse, se isso fizer algum sentido. Então levante e grave um vídeo, faça uma baderna, xeroque uma *zine*, imprima sua marca indelével no mundo." Eu deixava minhas *zines* escondidas dentro de jornais e revistas, em cafeterias como a Wall Berlin e a Milano. Eu finalmente consegui convencer o comprador da Cody's a estocar alguns exemplares em consignação. Dei uma delas para o balconista da loja de discos elitista na avenida University e, na semana seguinte, descobri que ele a pusera para vender. Senti-me lisonjeado por ele achar que alguém iria querer comprá-la.

Havia uma organização no *campus* que parecia excessivamente fervorosa em sua defesa da ação afirmativa. Não estava claro se alguns deles realmente estudavam em Berkeley. Uma vez, ficaram indignados com uma coluna do *The Daily Cal* que os criticara e decidiram montar um piquete ao lado do quiosque onde jornais gratuitos eram distribuídos. Um homem gritava no megafone: "Venham cá, peguem uma pilha desse jornal fascista chamado *Daily Cal* e joguem na fonte!" Então um colega ativista sussurrou algo em seu ouvido. "É verdade. Peguem uma pilha de *Daily Cal* e reciclem." Corriam boatos de que essa gente era financiada pela CIA para desprestigiar os demais ativistas do *campus*.

Um dia, Ken e eu estávamos a caminho de uma aula quando nos deparamos com uma de suas manifestações no Portão Sather. Ambos achávamos aqueles protestos deprimentes, se bem que por motivos diferentes. Eu começara a lecionar num programa extracurricular em Oakland, e isso me introduzira ao mundo dos ativistas de *campus*.

Herdei a desconfiança deles com relação àquela organização e sua retórica exagerada. Para Ken, era uma questão de pragmatismo. Ele valorizava soluções que fossem estratégicas; talvez pudéssemos lutar contra essas questões nos tribunais. "O que pretendem alcançar com esse protesto?", ele perguntou ao amontoado de manifestantes. "Queremos conscientizar as pessoas sobre as nossas lutas", uma mulher explicou, entregando-nos um panfleto. Não sei se entendi aquilo direito, uma vez que ela era branca e obviamente não estava na mira das forças conservadoras que pretendiam segregar a sociedade novamente. Ela e seus companheiros estavam bloqueando o portão. Ao lado dela, havia uma passagem para o *campus* e, em cima dessa passagem, um cartaz feito para envergonhar os transeuntes, no qual se lia: "Apenas homens brancos".

Não éramos homens brancos; sabíamos disso. Só não sabíamos explicar quem éramos exatamente, não no espaço de um panfleto de protesto. Ken sugeriu que escrevêssemos juntos um artigo de opinião para o jornal da faculdade. Intercalei suas questões reformistas e sinceras com minhas piadas sarcásticas. Aquele movimento não precisava somente de barricadas e do apoio das massas, mas também carecia de salas de aula, desafios legais, pessoas que trabalhassem em prol de uma mudança gradual, realizada a partir do próprio sistema. Envergonhar os aliados que só desejavam ir para a aula parecia uma coisa estúpida e alienatória – ainda mais porque não éramos homens brancos de verdade. Concluímos o artigo num tom de alegre presunção, satisfeitos porque tínhamos exposto a pequenez de espírito deles.

Em poucos meses, eu entenderia que sair em público gritando, entoando palavras de ordem, cantando, apontando o dedo para o mal nem sempre eram atos com a intenção de atingir um objetivo. Às vezes era só questão de misturar sua voz à de outras pessoas. O anonimato de estar inserido numa multidão, sabendo que vocês estão lá um pelo outro. Tantos sentimentos que você não saberia o que fazer com eles, então você grita com alguém, mesmo que esse alguém seja a pessoa errada.

Mas, naquele momento, não soubemos o que fazer e simplesmente atravessamos o portão.

ELEVEN

Ken e eu estávamos estudando na biblioteca, debaixo da nossa placa comemorativa. Perguntei se ele queria fumar um cigarro.

Eu amava andar com ele. Um par que não combinava atravessando o mundo. Reparávamos nas mesmas coisas, absorvendo a beleza e a estranheza das pequenas cenas corriqueiras, como o jeito singular e gutural com que o homem da pizzaria gritava: "*Pizza*! De queijo! Quentinha!" para os transeuntes. Isso se tornou parte do nosso discurso cotidiano, um sinal de que estava na hora de comer. Às vezes acontecia de encontrarmos alguém na rua e, nessa hora, a maravilhosa confiança de Ken garantiria ao nosso interlocutor que eu também era maravilhosamente confiante de um jeito próprio e alternativo.

Quando terminamos o cigarro, já estávamos na avenida Telegraph. Perguntei se ele queria dar um pulinho na Amoeba comigo.

As lojas de discos têm outra energia depois que escurece. Ficam repletas de pessoas que saíram pela noite à procura de alguma coisa. Ken andou atrás de mim enquanto eu percorria os corredores. Mostrei a ele uma caixa que tinha todas as gravações de estúdio do álbum *Pet Sounds*, dos Beach Boys, que recentemente tinham caído no meu gosto. Meus pais não tinham discos dos Beach Boys quando eu era criança, e eu tomava isso como uma manifestação consciente de seu juízo. Mas me interessei por *Pet Sounds* depois de ler uma matéria que falava sobre o perfeccionismo insano que foi colocado em "God only knows", uma de suas canções mais famosas. Acabei descobrindo que os Beach Boys eram excelentes.

Tudo na banda era inautêntico: só um deles realmente surfava; eram garotos que preferiam ficar em casa a sair; e quaisquer boas vibrações que emanassem deles seriam necessariamente artificiais. As suaves harmonias deviam-se menos à colaboração e à amizade do que à direção artística minuciosa de Brian Wilson, o líder da banda. Ele ficou tão obcecado em traduzir em música suas visões psicodélicas que isso o levou à beira da loucura.

Chamei a atenção de Ken para a existência de sete versões diferentes de "God only knows", uma canção que se tornara parte fundamental do nosso mundo. *Seria muito ridículo?*, pensei em voz alta. "Você precisa comprar", ele respondeu, sabendo que era exatamente isso que eu queria escutar. "Sete versões!"

Quando chegou a hora de gravar "God only knows" em 1966, Brian pediu a seu irmão, Carl, que a cantasse. Havia uma pureza, uma ternura na voz de Carl que a mente autoritária de Brian não conseguia reproduzir. Carl canta do fundo do coração, por vezes à beira de um colapso, sendo carregado exclusivamente pelo ritmo cadenciado e lento da canção. Eu achava que a libertação dos anos 1960 tinha sido agitada e frenética, mas aquelas harmonias carregavam uma intensidade quase ritualística.

Ken e eu retornamos à biblioteca. Guardei minhas coisas e corri para casa para escutar meus novos CDs. Havia uma versão de "God only knows" que incluía um audacioso solo de saxofone. Uma das versões era puramente vocal, outra foi despida para revelar apenas as harmonias de fundo e outra acentuava as cordas. Era decepcionante escutar a canção desconstruída em suas muitas partes. Não porque elas soassem menores e insignificantes, mas porque eu tinha escutado a versão original tantas vezes que ela se revestiu de uma aura própria. "God only knows" era sugestiva de um desejo para além do amor. Eu não conseguia localizar esse sentimento na canção. Estaria na letra, nas partes tristes que falavam de separação e ressignificação da vida? Estaria na vibração mágica das vozes harmonizadas, no fato de

Carl ser capaz de conjurar as sensações que Brian, autor delas, não conseguia canalizar? Talvez não fosse a canção em si, mas o fato de escutá-la tantas vezes, empilhando sucessivas camadas de lembranças.

No terceiro ano, Anthony e eu nos mudamos para um apartamento na rua Channing. Paraag já tinha morado lá com Sean, um indiano presunçoso que estudava economia. Sean tinha uma placa de carro personalizada na qual se lia: "VIDA LOUCA", e, embora ele fosse natural de Chino, um bairro residencial relativamente tranquilo do Vale de San Bernardino, ele se identificava parcialmente como nova-iorquino, por ter vivido brevemente em Nova Jersey quando era criança. Sean falava demais e vivia arrumando brigas, o que trouxe uma energia adoravelmente caótica para nosso círculo.

Nossa nova morada ficava apenas três quarteirões para o lado, mas, de repente, estávamos pertinho de um monte de amigos: Paraag e Sean, no mesmo corredor; Gwen, na mesma rua, na esquina da rua Channing com a Fulton; um quarteirão depois dela, Alex e Sammi dividiam uma casinha de dois quartos, estreita, que contornava os fundos de um posto de gasolina.

Nosso apartamento na Channing tinha só um quarto e, por esse motivo, Anthony preferia passar as noites na casa da namorada, Wendy. Decorei o lugar inteiro com panfletos de *shows*, cópias em xerox de jornais dos anos 1960, pôsteres e galhardetes de manifestações. Minha mesa – uma porta colocada sobre dois gaveteiros de arquivo – tomava toda uma parede da sala de estar. Agora eu tinha espaço não só para meu aparelho de som e para minha coleção de discos, mas também para um escâner, que eu usava para fazer minhas *zines*. Em vez de testar os limites das máquinas fotocopiadoras, eu podia agora manipular as imagens em meu próprio computador. Talvez eu pudesse ser um *designer* gráfico quando crescesse.

Dessa vez, o presente de boas-vindas de Ken foi um relógio moderninho, desses que não têm números, só um círculo branco de onde se projetam os dois ponteiros. Eu era chato quanto aos presentes que julgava insuficientemente atenciosos. Num dos meus aniversários, um grupo de amigos fez uma vaquinha para me comprar um *pager*, embora eu fosse claramente o tipo de pessoa que resistiria a essas modernidades. Todo mês, na hora de pagar a conta do *pager*, eu seria lembrado do quanto me sentia incompreendido. Ken achou que o relógio combinaria com meu estilo. O presente foi legal num sentido pretensioso e adulto, e eu adorei.

Ken saiu da casa da fraternidade naquele mesmo ano. Foi morar com dois amigos na avenida College, numa parte bem diferente de Berkeley. *Aqui ainda é Berkeley? Ou estamos na parte melhorzinha de Oakland?* Eu tinha que pegar o carro para chegar lá. Costumávamos descer a avenida College para estudar na cafeteria Roma, que ficava apinhada de estudantes de Berkeley que eu nunca tinha visto, ou íamos comer no restaurante japonês, ocasionalmente fazendo extravagâncias com os aperitivos. Depois voltávamos para a casa dele e ficávamos sentados em sua varanda, à sombra das árvores, fumando. Ele comprava cigarros Nat Sherman, mas, depois de um filme que viu, trocou-os por Export A. Um de seus colegas de quarto, que era branco, tinha uma predileção por piadas duvidosas sobre asiáticos, as quais Ken me recontava com um semblante de sofrida exaustão. Ele parecia mais velho agora. Talvez devesse sair da fraternidade, ele pensou em voz alta, ou pelo menos focar nos estudos naqueles últimos dois anos. Sob certa luz, em determinados horários da noite, seu cabelo parecia grisalho. Antes, era longo e ondulado, cor de caramelo, mas agora ele raspava.

Ken veio perguntar se eu queria começar um clube com ele. A Aliança Multicultural Estudantil seria uma espécie de fraternidade. Durante uma palestra inspiradora, um professor de estudos étnicos disse que aprendeu a ser um homem *chicano* graças aos movimentos dos anos 1960. Ken pretendia chamar pessoas como esse professor para nos guiar como mentores, para nos ensinar nossas respectivas histórias, para compartilhar experiências de quando eles tinham nossa idade e, talvez, para descolar um estágio ou um trabalho para nós. Fazia sentido começar a pensar no futuro agora que estávamos no penúltimo ano. Respondi que aquilo se parecia muito com sua fraternidade. Deveríamos lutar por objetivos mais radicais do que a inclusão multiculturalista, eu disse. Por que não nos dedicávamos à destruição daquele sistema podre? Do contrário, tudo não passaria de *networking*, e o professor não teria lutado tanto no passado só por causa disso. Estaríamos desperdiçando nosso tempo e o dele. Ken ficou irritado, mas não se abalou. Ele achava que muitas pessoas poderiam ser beneficiadas com algo assim. Ele tomou a dianteira, mandou fazer uns bótons de enfeite e montou uma mesa no Sproul Plaza com uma pessoa que eu não conhecia.

Eu estava entediado com as aulas de ciências políticas, sempre as mesmas discussões sobre desarmamento, a litigiosidade americana, os prós e os contras do lobismo. Tentei me matricular no máximo de aulas de estudos étnicos e ásio-americanos que eu podia, aprofundando-me nas tradições que nos precederam. Eu achava reconfortante mergulhar no passado e indagar se aqueles momentos de solidariedade e ação poderiam encontrar uma nova centelha em nossa geração. Por questão de princípio, parei de ler ficção. Eu só queria saber de histórias que nos tivessem sido negadas.

Eu me voluntariei para trabalhar no Richmond Youth Project, um centro comunitário que lidava predominantemente com crianças em idade escolar do Sudeste Asiático. Eu não sabia muito bem como iniciar uma carreira na área da pesquisa, ou do *design* gráfico, então imaginei que lecionar seria um plano B razoável. O RYP ficava num *shopping* semiabandonado na saída da rodovia. As poucas lojas ocupadas traduziam o que a cidade, antes uma zona portuária próspera, tinha se tornado: uma igrejinha com um fliperama na frente; uma loja de perucas; um solitário posto de recrutamento do exército; pichações em três ou quatro idiomas diferentes.

Toda tarde de sexta-feira, os voluntários de Berkeley se reuniam perto de Eucalyptus Grove, uma parte do *campus* que eu nem desconfiava que existisse. Era uma lição de humildade perceber quanto da universidade permanecia um mistério para nós, por mais que reivindicássemos seu espaço como algo nosso, num sentido único e especial. Tínhamos de esperar nossos colegas motorizados para irmos de carona até Richmond. Eu ficava apreensivo por ter de ir de carro para um local tão desconhecido. Ficava a cerca de vinte minutos ao norte e, no caminho, aproveitávamos para conhecer uns aos outros – cidade natal, especialização, o que achava da discussão *hip-hop* convencional *vs hip-hop* alternativo. Concluí que eu precisava escutar mais *hip-hop* alternativo.

Todos eram ásio-americanos; pareciam-se com pessoas que eu talvez já conhecesse, só que seus pais seriam motoristas de ônibus, funcionários de restaurante, ativistas dos anos 1970, pastores esquerdistas, mas não engenheiros. Eu invejava quão à vontade eles se sentiam quando íamos para Richmond. Entre nós, havia umas mulheres de Oakland que foram as primeiras da família a cursar faculdade; tinham participado de programas como esse quando eram mais jovens. Minha trajetória, por sua vez, era previsível, desinteressante. Naquelas primeiras semanas, não quis ir na frente. Ficava atrás e escutava os outros.

Éramos jovens de 20 e poucos anos que ensinavam adolescentes a viver para o futuro. Aquelas tardes não tinham nenhuma estrutura, simplesmente passávamos o tempo juntos, conversando sobre a vida dos mentorandos, ajudando-os com o dever de casa. A maioria deles era de origem *mien*. Os *mien* eram uma minoria étnica com raízes na China. Entre os séculos XVII e XIX, fugidos da perseguição da maioria *han*, eles se transferiram gradualmente para o sudeste da Ásia. Encontraram um lar nas montanhas do Laos, onde sobreviveram como fazendeiros e se mantiveram isolados. Nos anos 1960, quando a Guerra do Vietnã devastou a região, os americanos arregimentaram os *mien* para ajudar a combater os vietcongues. Homens pouco familiarizados com a tecnologia moderna de repente ficaram encarregados de metralhadoras. Dois milhões de toneladas de bombas foram jogados no Laos, destruindo as florestas exploradas pelos *mien* e envenenando seus reservatórios de água. Depois que os americanos foram embora, os *mien* remanescentes buscaram refúgio na Tailândia e nos Estados Unidos. Entre 1976 e 1995, aproximadamente 40 mil refugiados de origem *mien* foram reassentados nos Estados Unidos. Terminaram em locais como Richmond, que ofereciam empregos de baixa qualificação e moradia acessível.

Nossos alunos tinham uma vaga noção dessas coisas, em parte graças às suas famílias, em parte graças ao centro. Eu conhecia o assunto porque estava fazendo um curso de estudos ásio-americanos sobre a diáspora do Sudeste Asiático. Havia aspectos da vida deles que pareciam familiares. Seus pais estariam ocupados trabalhando em quantos empregos conseguissem arrumar e quaisquer conexões que tivessem com o passado estariam mais ligadas a tradições domésticas do que a questões políticas. Palavras como "genocídio" e "trauma" eram proibidas.

Depois de um tempo, passei a ir com meu próprio carro para Richmond. Eu trabalhava principalmente com os meninos do sétimo ano, que pareciam dividir o mesmo guarda-roupa, compartilhando os *jeans* de segunda mão excessivamente folgados, os moletons da Nike e as jaquetas corta-vento. Uma camiseta de futebol americano da FUBU para ocasiões especiais. O cabelo raspado nas laterais, com franjas esfiapadas repartidas no meio, de modo que a cabeça sempre parecia um pouco inclinada para a frente. Imaginei que estar presente e ser paciente seria o bastante, porque eu não conhecia os detalhes da vida que eles tinham. O fato de sermos todos asiáticos importava mais para mim do que para eles. Para mim, os ásio-americanos constituíam uma categoria caótica e arbitrária, porém nascida de uma luta coletiva. Era uma categoria suficientemente espaçosa para acomodar todas as nossas esperanças e as nossas energias. Havia pontos em comum entre as diferentes nacionalidades e classes sociais: os pais não comunicativos, a relevância cultural da comida, o fato de todos tirarmos os calçados antes de entrarmos em casa. Nossos jovens mentorandos só precisavam entender que essa comunidade também estava disponível para eles.

A visão de mundo deles trazia um tribalismo crônico. Havia a noção de orgulho asiático, mas ela alcançava apenas os *mien*, os *hmong*, os vietnamitas e talvez os laosianos. Como taiwanês-americano cujos pais vieram décadas antes para cursar a faculdade, eu devia parecer um marciano para eles. Os rapazes se espelhavam nos colegas de turma negros e provavelmente tinham mais em comum com eles do que com pessoas como eu. Uma tarde, eu estava levando alguns deles para casa, quando uns adolescentes na pista ao lado começaram a nos encarar. Não eram *mien*. Um dos meus alunos puxou um revólver

– que eu não sabia que ele tinha –, e o outro carro saiu cantando pneu. Ele apontou o dedo e riu: "chineses de m...da". Fiquei curioso para saber onde eu me encaixaria em sua tipologia, mas não o bastante para perguntar.

Eu era um dos mentores mais calados e, como raramente lhes dizia o que fazer – além de nunca entrar no meu carro com uma arma –, eu provavelmente parecia legal, se não maleável. Eles se divertiam testando meus limites. Mas eu me colocava como uma presença persistente e um chofer disponível. E, depois que comecei a brincar com eles sobre as roupas que eles usavam e os cortes de cabelo que faziam, ficamos em paz. Nos momentos acidentais de sinceridade, eu lhes fazia promessas. Contanto que se esforçassem e permanecessem na escola, tudo ficaria bem. Enquanto isso, continuei levando-os ao *shopping* e ao cinema nos finais de semana. Talvez acabassem em Berkeley como nós, mentores.

De volta ao *campus*, os voluntários contavam como era a experiência de orientar jovens um pouco mais novos do que nós. Nossa autoridade decorria principalmente do fato de sermos universitários. Mas, se a faculdade era apenas uma forma de perpetuar o privilégio, um dos meus amigos perguntou: por que propúnhamos o Ensino Superior como solução para os problemas deles? Por que deveríamos *incentivá-los* a fazer faculdade? Os asiáticos perfaziam 40 por cento dos alunos de Berkeley naquela época, mas seriam, em sua maioria, estudantes de classe média cujas famílias vieram do Japão, da Coreia do Sul, da Índia ou da diáspora chinesa. Para nós, as faculdades públicas como Berkeley representavam um bom negócio, não um tudo ou nada. Nossos alunos de Richmond eram considerados jovens em situação de risco. Mas o risco que corriam não era apenas o de sucumbir a males específicos, como as gangues e as drogas, que estavam sempre presentes. Havia também o risco mais amplo de conhecerem o mundo rápido demais – de não terem tempo de descobrir seu potencial por conta própria, fosse lá o que isso quisesse dizer.

* * *

Naqueles primeiros anos mais ariscos da internet, o mundo *on-line* era vasto, porém acessível. Algo que poderíamos dominar. Havia um número finito de salas a explorar. Você seria capaz de passar muito tempo nelas, mas não tanto quanto agora. Na maioria das vezes, você perceberia como as pessoas estavam entediadas no mundo inteiro. Entrávamos para encontrar pessoas que tivessem os mesmos interesses obscuros que nós. Elas construíam *sites*, templos dedicados a seus heróis, que obviamente seriam legais demais para mexer no computador. A internet estava cheia de presentes, estranhos que ofereciam mimos uns aos outros, dividindo seus tesouros com quem pensasse igual ou fosse curioso. Tudo isso era mantido na base da generosidade.

No começo do século XX, o antropólogo Bronislaw Malinowski aventurou-se nas Ilhas Trobriand, que hoje compõem a Papua-Nova Guiné, a fim de estudar a prática local da troca de presentes. Os ilhéus viajavam grandes distâncias para oferecer colares e braçadeiras simbólicas, aparentemente sem nenhum valor. Malinowski julgou estar diante de uma espécie de poder suave. A troca de presentes não era uma forma de altruísmo, pois havia uma expectativa de retribuição. E não era aleatória, uma vez que o fluxo de presentes obedecia a padrões previsíveis. Em vez disso, ele achava que a prática formava laços capazes de unir as pessoas em um contexto político. A expansão das trocas em outras ilhas representava uma expansão da autoridade política.

O sociólogo Marcel Mauss considerou a explicação de *Malinowski* insuficiente. Para ele, Malinowski dava muita ênfase à transação e não se aprofundava nos mecanismos que regiam a sensação de dívida. Em 1923, ele publicou *Ensaio sobre a dádiva*, que promovia um diálogo entre as redes de comunicação de Malinowski e as trocas de presentes vistas em outras sociedades, como as tradições indígenas das Américas e os sistemas de propriedade coletiva da China. Mauss introduziu a ideia de reciprocidade protelada. Você dá esperando receber. No entanto, costumamos dar e receber de acordo com intervalos intermitentes, por vezes aleatórios. É nessa latência que surgem os relacionamentos. Talvez os presentes cumpram fins políticos. Mas, na visão de Mauss, eles também fortalecem os laços interpessoais e intercomunitários. Sua obrigação não é apenas de recompensar o presente numa proporção de um para um. Você fica em dívida com o "espírito da dádiva", uma espécie de fé compartilhada. Cada gesto carrega um anseio por se conectar, fazendo expandir o círculo de associações.

Não que estivéssemos acima do mercado, embora eu não conhecesse ninguém que soubesse ganhar dinheiro com a internet. Seriam os dez dólares mensais que eu pagava à AOL? Todos na rede compartilhavam suas alegrias, seus conhecimentos exóticos. Alguém fez um *site* sobre sua banda favorita; talvez você possa fazer outro sobre sua segunda banda favorita. Você postaria listas de fitas cassete para trocar – não para vender. Eu usava minhas *zines* como desculpa para saber dos músicos de determinada banda ou dos membros mais influentes do grupo de mensagens – o que estavam fazendo da vida, como passavam o tempo livre e se seus amigos eram, em sua maioria, reais ou virtuais. Jamais gastei qualquer uma das notas de dólar que recebi por minhas *zines*. Era mais do que só dinheiro.

Anthony foi estudar em Sevilha no outono do terceiro ano, e Ben, um estudante de biologia branco e simpático, natural de Ojai, veio morar comigo, trazendo pouca coisa além de sua mesa de desenho e uma bicicleta ultraleve de última geração. Ben estava sempre estudando. Às vezes, de noite, Ken e Sean nos visitavam, e explorávamos juntos os *chats* da AOL. Na maior parte das vezes, entrávamos em salas para conservadores. As pessoas que usavam esses *chats* se sentiam isoladas, como se o mundo as tivesse enxotado para aquele lugar, para os computadores, para os mistérios digitais, à procura de uma conexão. Inventei um nome de usuário diferente e fingimos ser um homem branco de meia-idade, urbano, possivelmente um pequeno empresário. Todos na sala de bate-papo estranhavam o mundo lá fora, onde quer que estivessem, amargurados com o estado atual das coisas. Nós os escutávamos e engrossávamos o coro de que tudo tinha sido muito melhor antigamente. Depois, como solução, propúnhamos o socialismo. Chorávamos de rir daqueles americanos velhos.

Sempre achei que meus amigos estivessem sacrificando alguma coisa em nome de passar suas preciosas noites de sexta e sábado daquela maneira. A maior parte do tempo, eu ficava no computador mesmo. Mas eles poderiam ter saído para se embriagar, para conhecer garotas, para tomar atitudes irresponsáveis. Em vez disso, ficavam amontoados em torno do meu computador, falando mal de estranhos e escutando meus álbuns. Entre uma música e outra, quando caía o silêncio, ouvíamos o relógio de Ken fazer tique-taque bem acima de nossas cabeças. Amigos do mesmo corredor, vindos de uma festa ou de um encontro, viam-nos lá dentro, fazendo piadas sobre o "capitalismo humano" numa sala de *chat*, e balançavam a cabeça, chocados por termos escolhido passar a noite daquela maneira.

Depois disso, a gente entrava em meu carro e ia a uma loja de *donuts* em San Pablo que ficava aberta 24 horas. Eu odiava quando meus amigos conversavam por cima das minhas músicas e odiava ainda mais quando Ken puxava uma cantoria coletiva, trocando as harmonias perfeitas de "God only knows" por sua versão capenga e desafinada da canção. Era meu carro, mas já não era meu reino. Sean, Ben e Ken adoravam cantar em voz alta e fora do tom.

Talvez no começo fizessem isso para me tirar do sério, três rapazes cantando, outro pedindo para parar. Mas depois o barulho se tornou uma coisa segura, possivelmente melhor do que o som original. Na urgência da canção, que se esgota de segundo em segundo, você a experimenta como uma comunidade – como uma visão de mundo que vibra em conjunto. Você sente cócegas na orelha, depois no resto do corpo, enquanto sua voz se junta às outras. A dissonância violenta de quando uma ou duas delas saem da afinação, e todas se aventuram sozinhas na parte do *ba-ba-baa*. Eu finalmente senti no corpo o que a música era capaz de fazer. Um coro de ateus canalizando Deus. Um encontro harmônico capaz de suplantar a letra que falava de sentimentos de deriva e catástrofe, uma canção como prova de que as pessoas poderiam trabalhar juntas. Ficávamos sentados no estacionamento esperando que a música terminasse. Os *donuts* não eram muito bons, mas, pelo menos, ofereciam um destino para nosso coro itinerante. Estávamos compartilhando alguma coisa, uma combinação de delírio e fraternidade.

Ken esperou por meses até que uma jaqueta específica da Abercrombie & Fitch retornasse ao estoque. Era azul com uma faixa larga cor de creme na altura do peito e outra vermelha, mais fina, por dentro daquela. A jaqueta era folgada, com forro de flanela cinza-escuro. Essa combinação específica de cores estava esgotada nas lojas da região da Baía, mas havia uma Abercrombie em San Diego, próxima do aeroporto, que ainda tinha uma no estoque.

Ele me explicou tudo isso quando nos encontramos na área da esteira de bagagem. Eram as férias de inverno do nosso terceiro ano. Eu acabara de chegar a San Diego vindo de São Francisco num voo matinal. Eu realmente queria voltar para a cama. Estava escuro quando decolamos, e agora estava apenas um pouco menos escuro. Ele me garantiu que eu poderia tirar uma soneca no carro. "Só temos de parar no *shopping*." Registrei minha insatisfação, e ele começou a fazer pouco da roupa que eu estava usando, uma grossa parca camuflada, forrada com pelo de animal. Fazia 23 graus lá fora. Comprei a parca dois dias antes, logo depois das provas, e convenci-me de que poderia usá-la na viagem, embora o clima no sul sempre exigisse mangas curtas.

Ficamos sentados na praça de alimentação esperando o resto do *shopping* abrir. Ken tinha ido dançar *swing* na noite anterior e estava orgulhoso de sua evolução. Chegou tarde em casa, seus pais já estavam dormindo, mas de alguma forma conseguiu convencer a mãe a sair da cama para rodopiar com ele. Escutei tudo enquanto comia um rolinho de canela. A Abercrombie finalmente abriu, e eu disse que preferia esperar do lado de fora. Não queria quebrar minha resolução de jamais colocar os pés naquela loja. Ele saiu com um sorriso largo de satisfação. A jaqueta combinaria com seu novo boné vermelho dos Cuban Sugar Kings. Ainda eram 10 da manhã, e aquele já estava sendo um grande dia.

Era legal ficar perto dos pais de outra pessoa – estar numa casa com padrões e regras diferentes. Tendo de comer tudo, não importava quantas vezes a mãe dele enchesse meu prato. Seu pai cordialmente me inquiriu a respeito das aulas, da minha especialização. Na faculdade, sentíamos que nos tornávamos adultos depois que escolhêssemos nossa especialização e aprendêssemos o básico para lavar a roupa e cozinhar. Mas dormir no quarto de Ken, onde ele passou a infância, teve o efeito de nos lembrar do nosso passado. Aquele mundinho onde Ken era um filho travesso, um irmãozinho irritante, e eu era o amigo esquisito que chegou a San Diego com uma pesada jaqueta de inverno. Será que eu me encaixava na descrição dele sobre mim? *Sim, senhora, exatamente. Eu quero ser um pesquisador quando crescer.* Foi gostoso prometer à mãe dele que estávamos a caminho de alguma coisa.

Ken e eu passamos os próximos dois dias dirigindo por El Cajon, comendo burritos em restaurantes que terminavam em "...berto's". Como ele estava dirigindo, escutamos suas músicas. Ken começara a fazer aulas de *swing* depois de assistir ao filme *Swingers: curtindo a noite.* (Na minha cabeça, era o tipo de música que tocava nas lojas da Abercrombie.) Ele acabara de comprar o CD do Cornershop, que eu amava e sua irmã odiava. Quando "Crash into me" da Dave Matthews Band começou a tocar, subi o vidro do carro para não ser visto no semáforo. Era uma coisa horrorosa. Mesmo assim, eu admirava a maneira como Ken viajava nas músicas, sua força vital misturando-se aos resmungos e aos suspiros de Dave Matthews.

Ken me levou para conhecer a CD City, uma loja com nome engraçado que vendia fitas cassete usadas. De interessante, encontrei apenas uma fita do Biz Markie. Ken comprou uma do Blues Brothers e a mais recente da Missy Elliot. No carro, enquanto procurávamos o burrito seguinte, escutamos na rádio a canção "Dangerous", do Busta Rhymes. Ele perguntou se eu tinha visto o videoclipe, aquele que parodiava *O último dragão. Não vi*, eu disse. *Parei de assistir à MTV. O último dragão... ah, sim, já ouvi falar* (era mentira). *Mas não lembro direito, faz tanto tempo... É com o Bruce Lee, né?* "Você não sabe quem é Sho'nuff? Sério? Vamos assistir hoje à noite", ele decidiu.

Paramos no 7-Eleven tarde da noite para que Ken pudesse comprar cigarros. Continuava quente lá fora. Esperei no carro e observei enquanto ele conversava com o caixa. Era como assistir a um filme, o jeito como a loja brilhava contra o céu noturno. Inclinei-me para fora da janela para tirar uma foto do letreiro do 7-Eleven. Quando voltou, Ken disse que o caixa quisera saber por que o rapaz no carro estava tirando fotos. "Provavelmente para suas *zines*", ele respondeu, sem dar mais explicações.

O único espaço onde eu podia esticar meu saco de dormir era na estreita fissura entre a enorme cama de Ken e sua cômoda, onde repousava uma TV gigante. Ele me garantiu que era seguro, porque, se a TV caísse, não haveria espaço para ela me esmagar. Já era bem depois da meia-noite, e eu tinha de pegar um voo matutino para a região da Baía. Mas Ken desenterrou sua cópia em VHS de *O último dragão*. O título completo, por algum motivo, era *O último dragão de Berry Gordy*. Eu curtia coisas obscuras e aleatórias, e não o que fazia sucesso, principalmente se tivesse passado despercebido por mim em sua primeira encarnação. Ele me garantiu que valia a pena: "Vamos assistir só o começo." Imaginei que cairíamos no sono logo depois da cena de abertura.

Após cerca de dez minutos, eu estava convencido de que *O último dragão de Berry Gordy* era o melhor filme de todos os tempos. Trata-se de uma comédia de *kung-fu*, com um elenco predominantemente negro, que conta a história de um rapaz chamado Leroy Green – também conhecido como Bruce Leroy – e sua busca pela "aura", uma energia mística que somente os melhores artistas marciais são capazes de controlar. Leroy está profundamente confuso quanto à sua identidade, vagando por Nova York numa espécie de delírio da ignorância, enquanto as pessoas ao seu redor educadamente questionam sua negritude. Ele até parece ser asiático, porque sua jornada espiritual o leva para os becos sombrios de Chinatown, à procura do Mestre Sum Dum Goy, o homem sábio e misterioso que ele acredita ser o protetor da "aura".

Eu me sentia exausto, porém revigorado. Virei o pescoço diversas vezes para me certificar de que Ken ainda estava acordado. *Viu isso?*, eu perguntava. *Prestou atenção naquilo?* Ele só meneava a cabeça como um guia espiritual, apreciando em silêncio o fato de eu estar vendo a luz.

Já estávamos acostumados a não encontrar nos filmes pessoas que se parecessem conosco; pior era quando incluíam um asiático como presença simbólica para interpretar um mestre de artes marciais. Mas, quando Leroy se aproxima dos aposentos do Mestre, uns personagens chineses o acusam de "conversa fiada", debocham de seu sotaque e de seu fetiche pelo *kung-fu*, valendo-se de uma atitude e de uma entonação que remetiam aos filmes negros. Estavam fazendo estereótipos, só que os errados. Assim como Leroy.

Quem estava copiando quem? Isso importava? No fim, o Mestre Sum Dum Goy era só uma máquina que cuspia tiras de papel com falsa sabedoria de biscoitinhos da sorte. O absurdo da coisa era inebriante, assim como a sensação de que o filme reconhecia aspectos do que era ser ásio-americano, por mais que essa não fosse sua principal intenção. Nas partes mais lentas, tentamos descobrir onde nos encaixávamos no filme. Por um lado, torcíamos por Leroy, o herói negro obcecado pela cultura asiática. Sentíamo-nos atraídos por sua convicção, sua inadaptabilidade. Por outro, era empolgante ver os figurantes chineses fazendo aquele pastelão. Os próprios atores saíam do papel, extasiados por não terem de interpretar o mesmo médico de sempre ou o mesmo capanga silencioso que lutava *kung-fu*. Finalmente, chegamos à parte do Sho'nuff – o "Shogun do Harlem" –, que é citada no videoclipe do Busta Rhymes.

*O último dragão* era uma reflexão sobre a autenticidade, a porosidade da questão identitária, as divertidas possibilidades facultadas pelo pós-modernismo, a mistura e a harmonização das culturas asiática e negra! Talvez não fosse tudo isso, mas ficamos acordados até de manhã, dissecando o filme como se ele trouxesse em si a chave para entendermos nosso mundo. Dissemos boa-noite várias vezes, mais como piada do que outra coisa, para depois levantarmos outra questão. *Será que estavam debochando de Chinatown ou será que pretendiam mostrar que não há nada de autêntico nela?* Senti-me ao mesmo tempo enjoado e exaurido ao tentar engendrar, a partir do filme, uma teoria unificada que explicasse a identidade americana. Ken ficou calado, talvez quase dormindo, mas pensando. Então deu sua opinião. Criamos teorias brilhantes, mas nos esquecemos de anotá-las. Lembro-me do laranja-arroxeado nas cortinas – um tom matinal que eu julgava comum até me mudar para o leste.

A amizade repousa na presunção da reciprocidade, num entrar e sair da vida do outro, com ocasionais momentos de desabrida intensidade. Quando você tem 19 ou 20 anos, sua vida é governada por dívidas e favores, promessas de pagar uma conta ou ir dirigindo na vez seguinte. Construímos nossa vida como um conjunto de acordos mútuos, uma cadeia de pequenos presentes que são passados de um lado para o outro. A vida acontecia nessa latência. Comecei um amigo-secreto de Natal, mas, como eu não era religioso e também não queria rotulá-lo assim, chamei o projeto de Amigo-Secreto de Feriado de Inverno Não Religioso. "Celebraremos a boa vontade e a fraternidade", escrevi, de modo que as garotas não estariam convidadas. Escaneei nossas fotos e fiz um panfleto com as regras: Nada de CDs nem coisas que pudessem ser afanadas do trabalho, como "rolos de papel de *fax* ou sapatos infantis da Nordstrom". Também faríamos uma vaquinha para doação. Imaginei que continuaríamos essa tradição até os 40 anos.

Pensei que a faculdade seria o local onde eu encontraria meu povo, que eu entendia como as pessoas que se vestiam como eu, que gostavam das mesmas músicas que eu, que assistiam aos mesmos filmes que eu. Variações do tema "eu". Mas percebi, talvez tarde demais, que tudo que eu desejava era ter amigos com quem escutar música. Alguém curioso o bastante para perguntar que banda era aquela e depois retribuir, mostrando-me canções do Styx, do Christopher Cross ou de outro artista qualquer que estivesse abaixo do meu radar por eu ser legal demais. Ken devorava as fitas que eu fazia para ele e depois, como um pai incentivador, oferecia uma crítica para cada canção. Eu brincava que ele devia ser o único cara de fraternidade no país que curtia as músicas mais suaves de Belle & Sebastian. Ele deixava minhas fitas espalhadas no chão do carro ou num canto empoeirado da casa da fraternidade, já sabendo que haveria uma nova edição em breve, solicitando repetições de suas canções favoritas – "aquela dos cavalos".

Todo mundo gosta de alguma coisa – uma canção, um filme, um programa de TV –, então você escolhe não gostar de nada; é assim que você conquista um espaço só seu. Mas a pessoa certa o convence a experimentar determinada coisa, e você sente que fez duas descobertas. Primeiro, que aquilo não era tão ruim. Segundo, que você tem um novo amigo de confiança.

Ken veio me contar que dirigira por toda San Diego à procura do *single* de *Jeremy*, do Pearl Jam, por causa da canção "Yellow ledbetter". Revirei os olhos tão exageradamente quanto seria possível. Era claramente uma cópia de uma música do Jimi Hendrix. Revirei meus discos em busca de "Little wing", mas Ken estava em outra, seguindo a linha irregular da guitarra, lembrando-se da garota para quem ele tocara essa música. Finalmente, chegamos a um acordo. Antes das provas finais, sentaríamos de frente para meu aparelho de som e escutaríamos "Yellow ledbetter" com toda a reverência. Não era tão ruim. Depois, a minha escolha, "Under pressure", de David Bowie e do Queen, faria com que saíssemos do transe. Vivíamos para os rituais, à espera do dia em que seriam tão instintivos que nos esqueceríamos de como tudo começara. Ainda havia tempo para retribuir esses presentes.

THE RAPA - NUI
2150

Um esporo alça voo com o vento e todo o sistema sobrevive. O assassino pisca e a bala apenas raspa no chefe de Estado. O eixo do planeta muda imperceptivelmente e a Terra passa a ser governada por outra espécie. Nem se chama mais Terra; a linguagem deixou de existir. A carta é extraviada pelo correio e a oportunidade se perde para sempre.

Todas as minhas aulas de faculdade essencialmente ensinavam a mesma lição: outro mundo já foi possível. Essa constatação deveria nos deixar humildes. O acadêmico consulta o passado, vasculhando os arquivos ou as práticas de alguma aldeia remota em perigo de extinção, tudo em prol de adicionar mais uma página ao livro do conhecimento humano. Essas histórias nos erguem e nos sustentam. Mas também jogam uma luz fatalista sobre o presente, a sensação de que as coisas poderiam ser diferentes agora se tivéssemos conhecido de antemão os pequenos perigos espalhados pelo caminho trilhado.

Embora Marcel Mauss tenha publicado "Ensaio sobre a dádiva" – que fala sobre o "espírito" que une os trocadores de presentes – nos anos 1920, o ensaio só foi traduzido e disponibilizado para os estudiosos americanos no começo dos anos 1950. Tornou-se um livro canônico, impresso como um folheto independente. Gerações de pensadores sorveriam os *insights* de Mauss a respeito das práticas de troca que poderiam ter resultado no capitalismo, mas que, por algum motivo, não o fizeram.

Quando "Ensaio sobre a dádiva" foi publicado originalmente em 1923, ele fazia parte de uma edição especial da *L'Année Sociologique*, um periódico que Émile Durkheim, mentor de Mauss, fundou em 1896 e que supervisionou até sua morte, em 1917. Por causa da morte de Durkheim e do advento da Primeira Guerra, o periódico permaneceu em latência até Mauss ressuscitá-lo em 1923. A edição de retorno, supervisionada por Mauss, tem quase mil páginas, mas seu ensaio é o único trabalho verdadeiramente acadêmico. Está cercado por quase novecentas páginas de outros textos aparentemente desconexos, mas que são sugestivos do *éthos* que teria precipitado o pensamento de Mauss.

Essa edição de *L'Année Sociologique* prestava homenagem a toda uma geração de estudiosos que se juntou aos milhões de mortos da década anterior. Ela começa com uma longa seção *in memoriam*. "Jamais perderemos de vista que existiu entre nós um verdadeiro compartilhamento dos trabalhos. O exemplo dos nossos mortos será tomado como modelo."

Robert Hertz, estudioso da religião, "foi morto no ataque inútil de Marchéville, no dia 13 de abril de 1915, com 33 anos de idade, liderando sua seção para fora das trincheiras". Maxime David morreu em combate, em 1914, deixando para trás profícuas e, sem dúvida, "excelentes" anotações sobre a literatura da Grécia antiga. Jean Reynier "correu os mesmos perigos que seus amigos", mas morreu aos 32 anos em um acidente envolvendo uma locomotiva de trincheira. Será lembrado pelas "estupendas" palestras que realizou sobre ascetismo. Antoine Bianconi "produziu uma longa obra de valor", mas morreu em 1915, liderando sua seção de infantaria. Georges Gelly, filósofo e filólogo, desafiou a morte muitas vezes até "ser levado por ela em 1918".

Mauss fez projeções de um futuro que nunca chegou, imaginando "como seriam as coisas se a Guerra não tivesse ocorrido" e seus colegas estivessem vivos e trabalhando juntos. "Vamos imaginar que Gelly tivesse se tornado nosso *expert* em ascetismo e André

Durkheim nosso linguista." Seus nomes são desconhecidos das gerações de estudantes que vieram depois. Mauss nos compele a conhecê-los como pensadores e também como amigos – agarrando--nos às possibilidades do que poderia ter sido.

Nesse contexto, a noção de Mauss sobre os presentes ganha nova repercussão. Ele não está apenas especulando sobre alternativas ao sistema de trocas baseado no mercado; está sonhando com um modo de vida completamente distinto. Está resgatando um mundo perdido, tentando recriar um conjunto de potencialidades impossíveis. Quando Mauss direciona a questão dos presentes para os gestos de "generosidade", ou quando fala de se reunir à mesa, "ao redor dos bens comuns", ele quer chamar nossa atenção para os outros modos de existir além do "homem econômico". Esses resquícios de "outra lei, outra economia, outra mentalidade" sobrevivem ao lado das coisas que julgamos derradeiras e inevitáveis.

É extraordinário pensar que seus fantasmas pessoais o conduziram a esse lugar, a esse momento de esperança. Continuar o trabalho, Mauss sugere, é a dívida que temos com os colegas falecidos. Seu ensaio acompanha uma cadeia de trocas de presentes ao redor do mundo, e por meio das profundezas históricas do passado, evidenciando as possibilidades que estão ao nosso alcance. "É inútil buscar a bondade e a felicidade em lugares distantes", ele conclui. Elas estão mais perto do que você imagina.

Mauss e os demais sobreviventes desse período turbulento da história humana são como partes devastadas de uma floresta, na qual, por alguns anos, algumas velhas árvores "tentam se tornar verdes outra vez". Algo mais caprichoso do que um presente que troca de mãos. Mais misterioso do que um colar ornamental ou uma estatueta. Mais parecido com uma semente que é levada pelo vento, cai e germina.

Aconteça o que acontecer: "vamos nos esforçar por mais alguns anos".

Uma noite, Ken pegou um bloco de notas e nos levou de carro até a cafeteria. Depois de assistir a *O último dragão*, sentimo-nos inspirados a criar nosso próprio filme. O título provisório seria *O IMBRÓGLIO de Barry Gordy*. "Barry Gordy" era uma homenagem a *O último dragão*. "Imbróglio" era só uma palavra engraçada. Eu conhecia Berry Gordy e sabia soletrar seu nome corretamente, mas preferi não usar essa informação para tripudiar sobre Ken.

Ele escreveu os personagens principais e fez uma lista com os *sitcoms* da nossa infância, os temas e os clichês mais comuns da TV; precisávamos encontrar uma maneira de imprimir nossa marca nessas convenções narrativas. A história girava em torno de um grupo de amigos, uma coleção de arquétipos intencionais: o protagonista simpático, porém incompreendido; a ajudante gostosa e sentimental; o companheiro arrogante; o amigo sofisticado e equilibrado, que namora firme e dá bons conselhos; o piadista cínico que considera todos uns burgueses.

Selecionamos nossos amigos para os papéis: Anthony, Paraag e Dave. Sammi, Alec e Gwen. Ken escreveu uma participação para James, meu colega de escola, que estava fazendo faculdade de artes em San Diego. Tínhamos passado um tempo com ele quando visitei El Cajon. Inventamos papéis para as garotas de quem gostávamos – pura luxúria passivo-agressiva, talvez uma cena com as mãos dadas. Ele anotou rapidamente alguns episódios e cenários retirados de nossas vidas. Aquela vez que fumei a ponta errada do cigarro e disse que foi proposital. Aquela lanchonete com mesas triangulares, pouco práticas. Gravaríamos *O IMBRÓGLIO de Barry Gordy*, depois acharíamos um auditório vazio no *campus* e faríamos uma sessão só para os amigos. Não queríamos ser cineastas; queríamos criar alguma coisa, descobrir se isso era possível. Só precisávamos encontrar alguém que tivesse uma câmera.

Meus pais estavam passando mais tempo em Taiwan. Eu tinha números de telefones pré-pagos anotados por toda parte, mas nunca sabia dizer quais estavam funcionando nem que códigos digitar para fazer a chamada. Sean, assim como eu, era filho único e falava com os pais todos os dias. Meus pais me enviavam cronogramas, mas nunca me preocupei em seguir de perto o paradeiro deles. Passavam-se semanas sem que eu soubesse se estavam em Hsinchu ou em Taipei, para o fim de semana.

Meu pai se identificava como "oriental". Ele não entendia por que era tão importante que fôssemos chamados de "ásio-americanos", termo que mal existia quando ele chegou aos Estados Unidos. Meus pais reconheciam os nomes de alguns professores chineses mais velhos do Departamento de Estudos Étnicos. Perguntei-lhes se tinham lembranças dos Panteras Negras ou se conheciam o movimento Yellow Power do final dos anos 1960. Eles respondiam sempre de maneira evasiva. Isso fazia muito tempo, diziam, e nós estávamos ocupados.

Contei-lhes dos protestos e das manifestações que ocorriam em Berkeley, das vezes que fiquei até tarde da noite trabalhando no jornal ásio-americano do *campus*. Pensei que ficariam orgulhosos. Mas eles não entendiam por que eu queria lutar por essas distinções. Tentei ser compreensivo com eles, pensando nas batalhas que travaram ao chegar – o isolamento de minha mãe, meu pai, que foi roubado em seu primeiro dia em Nova York. Eu era grato pelo sacrifício que eles fizeram por mim. "Por você?", meu pai disse, com uma risada. "Viemos por nós mesmos. Não havia mais nada em Taiwan quando partimos."

Meus pais dirigiam grandes distâncias para comer com os amigos, a quem eles se referiam como integrantes do "movimento". Quando eu lhes perguntava o que era o movimento, eles davam uma risadinha e respondiam com uma expressão em chinês que poderia ser traduzida grosseiramente como "para a esquerda". A parte que eles destacavam era como o movimento desviara o foco deles; graças ao movimento, meu pai demorara mais do que o necessário para terminar a pós-graduação, para o desgosto de seus pacientes orientadores. Eles temiam que essas atividades extracurriculares também estivessem desviando minha atenção dos estudos.

Quando meus pais saíram de Taiwan com seus 20 e poucos anos, o país ainda estava sob lei marcial – resultado da violência ocorrida nos anos 1940, quando nacionalistas chineses assumiram o controle da ilha e calaram as vozes dissidentes entre os taiwaneses nativos. A política não fez parte da vida de meus pais quando eram crianças.

Mas assistir à Guerra Fria de uma distância segura lhes deu coragem para pensar e dizer coisas que teriam causado problemas caso tivessem permanecido em Taiwan. Eles se envolveram no ativismo, sobretudo em questões que diziam respeito a pequenos arquipélagos desabitados, porém possivelmente ricos em recursos naturais, que foram reivindicados tanto por Taiwan quanto pelo Japão. No começo dos anos 1970, meus pais viajaram pelas faculdades do Meio-Oeste e da Costa Leste, onde meu pai fumou cigarros e debateu ferozmente com outros estudantes a respeito das ilhas Tiao Yu Tai. Ele era crítico da posição oficial de Taiwan, que cedia demais para o Japão. A história chegou a Taiwan, e disseram que ele seria impedido de retornar por cerca de vinte anos.

O período de lei marcial, chamado de Terror Branco, durou até o final dos anos 1980, quando Taiwan começou a revisitar sua história. Meu pai finalmente pôde voltar como parte da onda de taiwaneses que levaram sua experiência no estrangeiro, como comerciantes e engenheiros, para auxiliar a nascente indústria de semicondutores da ilha. Ele foi aclamado como uma espécie de herói que retorna à pátria. Quando meus pais me disseram que já tinham sido como eu, comparecendo aos protestos, planejando reuniões, debates e manifestações, eu me recusei a acreditar. Eu mal conseguia visualizar meu pai fumando. Eles estavam tentando me proteger de alguma coisa. Talvez do potencial para decepção que o idealismo encerrava. Ninguém mais se importava com a questão das ilhas Tiao Yu Tai, e aquela causa consumira tanto tempo, tanta energia. O que eles teriam para mostrar, no final das contas, pensei, seriam seus amigos.

Eu não era um excelente mentor para as crianças de Richmond. Tinha muito pouco a oferecer; eu só queria que gostassem de mim. No entanto, quando foi anunciado que o centro pretendia contratar um professor para os cursos de verão, eu agarrei a oportunidade. Eu ainda achava que lecionar seria um plano B válido caso eu viesse a me formar na faculdade sem ter adquirido habilidades claramente rentáveis. O trabalho de professor exigia uma sinceridade que eu ainda não me sentia confortável em projetar, e eu precisava melhorar nesse aspecto.

Eu me sentia mais à vontade organizando minhas ideias em particular, arrastando o cursor piscante de um lado para o outro da tela. Eu ainda escrevia pequenas missivas para minhas *zines* e comecei uma segunda *zine* sobre paixonites e obsessões não correspondidas. Encontrei uma comunidade. Passava as noites editando o jornal do *campus* ou indo a reuniões estratégicas, nas quais pintávamos cartazes de protesto, debatíamos o futuro da Califórnia e ensinávamos uns aos outros que era mais difícil para a polícia arrastar corpos moles. Montar as *zines* me ensinara os rudimentos do *design* gráfico, e eu sempre me voluntariava para fazer os panfletos e o *layout* dos manifestos. Era uma maneira de adiar as questões relativas a um futuro prático e entediante. Talvez minhas *zines* e essa variedade de trabalhos de *design* pudessem dar prova do meu empreendedorismo, caso isso viesse a ser necessário.

Perto do final do terceiro ano, Ken e eu estávamos fumando na varanda da casa dele quando lhe contei sobre Mira, uma garota taiwanesa-americana do sul da Califórnia que trabalhava no jornal do *campus* comigo. Semanas antes, ela me pedira uma carona até Davis, onde eu faria parte de uma mesa sobre a cultura do "faça você mesmo" entre ásio-americanos. Eu a achava assustadoramente gostosa. Passei dias preparando uma fita personalizada que fosse versátil o bastante para transmitir meu humor, minha profundidade, minha compaixão. Depois daquele fim de semana, Mira e eu começamos a andar juntos, sobretudo para escutar música e assistir a filmes. Eu tinha verdadeira obsessão pelo castanho-avermelhado de seus cabelos, pela abundância de voltas em sua letra cursiva, pelo fato de ela escrever "sériu" em vez de "sério". Às vezes, íamos de carro até uma lanchonete em São Francisco e, como ela era vegetariana, jantávamos batata frita com sorvete. Nós nos deitávamos no chão embaixo da Coit Tower só para admirar as estrelas , nunca nos tocando. Perto do fim do semestre, faltei às aulas para ir de carro a Los Angeles, para uma conferência na qual as ativistas Yuri Kochiyama e Grace Lee Boggs estariam presentes. Mira também foi, mas de avião, e eu me ofereci para buscá-la. Mas não conseguimos nos achar no aeroporto. Nossas mensagens de *pager* se desencontraram. Temi que pudesse haver algum simbolismo na nossa falta de comunicação.

Naquela noite, quando finalmente nos encontramos na conferência, eu falei que gostava dela. Estávamos sentados num auditório, rodeados por pensadores e líderes políticos que nos inspiravam, chocados com o fato de Grace e Yuri estarem tão perto de nós. Olhei para Mira e senti que fazíamos parte de alguma coisa. Poderíamos construir juntos um novo mundo.

Mira confundiu minha timidez e meu desconhecimento geral com uma atitude bacana de indiferença. Quando voltamos para Berkeley, finalmente confessamos nossos sentimentos um pelo outro. Foi necessário passarmos outra noite inteira juntos para que eu me sentisse confiante o bastante para tentar beijá-la. Fomos gentis e pacientes um com o outro e, quando o sol se ergueu, caímos no sono, exaustos. Agora estávamos juntos, e eu não tinha certeza do que isso queria dizer.

Fiquei um pouco apreensivo quando fui contar a Ken sobre isso, porque eu tendia a desaparecer quando me apaixonava. Eu estava evitando-o enquanto lentamente eu cortejava Mira. Ele sempre parecia entender esse tipo de coisa. Quando eu estava com uma garota, me tornava ainda mais inacessível. Mas dessa vez parecia diferente. No primeiro encontro, tínhamos assistido a um filme independente sobre uns vagabundos inquietos que estavam sofrendo por causa de suas experiências ruins com transas de uma noite só. Dias depois, fomos ver *Kids*. Tudo isso fazia o sexo parecer ainda mais deprimente e amedrontador, e, como eu continuava sendo virgem, não estava com pressa de tirar a prova. Tínhamos muito tempo, e eu amava cada segundo que eu gastava tentando conhecê-la, explorando sua coleção de fitas, conversando sobre nossas lembranças de Taiwan, pensando nas muitas vezes que nossos caminhos teriam se cruzado quando ela trabalhava na Rasputin Music da avenida Telegraph. De repente, cada novo dia parecia cheio de novidade e empolgação.

Ken ficou feliz por Mira e eu estarmos juntos. Na verdade, ele já a conhecia e queria ter nos apresentado; o colega de quarto dela era Charles, um de seus amigos da fraternidade. Ken vibrou como um pai orgulhoso, satisfeito que eu tivesse tomado uma atitude sozinho.

Eu nunca me senti tão jovem e Ken nunca me pareceu tão velho. A Aliança Multicultural Estudantil chegou ao fim e ele abandonou por completo as teorias obscuras. Inventou uma coisa chamada Comissão Regulatória de Comércio Internacional para um trabalho da faculdade e achou que isso seria uma excelente ideia. Esboçou visões de uma faculdade de direito em Boston, noites passadas vendendo mercadorias autorizadas no Fenway Park. Ken parecia ligeiramente irritado com suas perspectivas, ou talvez só estivesse preparado para elas, e isso exigisse certo nível de seriedade. Ele estava namorando uma garota sino-americana de fraternidade que tinha as mesmas ambições realistas. Ela preparava lanchinhos para nossas sessões de estudo na biblioteca. Ainda usávamos nosso aperto de mãos bobo, aquele que inventamos como calouros na varanda da Unidade 3. Mas, agora, ele parecia um adulto de verdade, mais interessado em ser sofisticado do que legal, conjurando visões de uma vida produtiva para depois da faculdade.

Muitos de nós permaneceram em Berkeley naquelas férias de verão. Ken ainda trabalhava como vendedor de calçados infantis na Nordstrom. Ele conseguiu convencer o gerente da loja a contratar Sammi também, e eles pegavam juntos o trem do BART para São Francisco. Anthony estava trabalhando meio período para a faculdade e meio período para uma ONG. Paraag deu um jeito de persuadir uma agência esportiva de São Francisco a contratá-lo como estagiário, embora ela não oferecesse estágios. Mira estava fazendo cursos de verão.

Eu ia todo dia de manhã para Richmond a fim de ensinar redação, matemática e história às crianças de quinto e sexto anos do centro juvenil. Eram os irmãos mais novos dos mentorandos que eu já conhecia, só que aquela diferença de um ou dois anos significava que eles ainda seriam doces e inocentes. Seus irmãos mais velhos aprenderam a gostar de mim, mas talvez aquelas crianças realmente me escutassem. Eu copiei diligentemente as folhas de leitura e os exercícios, planejei com cuidado cada período das manhãs que passaríamos juntos. Mas nunca consegui reunir a seriedade necessária para dar forma e fluidez aos nossos dias. Eu planejava perguntas didáticas que se desdobrariam em novas perguntas, mas ficava irritado ao primeiro sinal de que alguém estava olhando pela janela. Eles logo perceberam que eu não era apenas um professor fraco; eu também era um molengão – um cruel despertar para o fato de que os adultos, às vezes, também não sabem o que estão fazendo. Só consegui fingir que tinha alguma autoridade por pouco tempo. Eles dançavam e escutavam música. As fronteiras entre meninos e meninas começaram a se desfazer à medida que eles furtivamente se faziam cócegas e lutavam uns com os outros.

No final de junho, completei 21 anos. Mira foi me encontrar em Richmond; sua presença me fez parecer mais respeitável aos olhos dos meus alunos, e um deles fez um desenho dela, cheio de corações. Ela me levou para almoçar numa lanchonete próxima e me deu uma *zine* sobre nosso relacionamento. Havia ingressos para filmes e *shows*, cartões de visita dos restaurantes que frequentávamos, páginas de diário dos nossos primeiros dias juntos, poemas sobre nosso futuro, relatos de como ela tinha percebido todas as minhas tentativas disfarçadas de flertar com ela.

Naquela noite, meus amigos nos encontraram em São Francisco para um jantar de aniversário. Anthony, Alec e Gwen vieram de Berkeley. Paraag já estava na cidade. Sentei-me à cabeceira da mesa e fiquei um pouco sentimental por fazer tanto tempo que não nos reuníamos daquela maneira. Talvez estivéssemos nos afastando devagarzinho, seguindo caminhos que aos poucos se tornavam visíveis. Ou talvez isso fosse apenas um momento de calmaria no ritmo normal das amizades. Fosse como fosse, agora tínhamos idade suficiente para pedir aperitivos. Ken e Sammi chegaram atrasados. Vieram diretamente da loja de departamento. O *blazer* de Ken e a maneira como ele cumprimentou todos à mesa, rindo e distribuindo apertos de mão, fizeram-no parecer um simpático apresentador de *gameshow*. Ele deu em Mira um abraço cortês e veio até mim, abrindo um sorriso antes de me estapear as costas vigorosamente. Sentou-se, deu uma rápida olhada no cardápio e escolheu o item mais inusitado de todos: coelho assado.

Ken queria nos levar a um baile de *swing* depois do jantar, mas eu lhe disse que jamais faria tal coisa, sobretudo em meu aniversário. Ele sempre convidava, e eu sempre dava uma desculpa. *Outro dia... quem sabe.* Ele desapareceu no bar e eu me perguntei se minha estupidez com seu novo *hobby* finalmente o deixara irritado. Mas ele retornou com um sorriso nos lábios e um copinho de *shot*. Riu baixinho quando comecei a bebericar o conteúdo; ninguém jamais tinha me oferecido um *shot*, e fazia pouco tempo que eu tinha criado coragem para começar a beber. "É um Três Reis Magos", ele explicou, batendo nas minhas costas de novo. "Jack, Johnnie, Jim Beam. Vira!"

* * *

A temporada de chopadas foi encerrada. Três semanas depois, Ken organizou uma festa de boas-vindas. Chamá-la por esse nome, em vez de só "festa", era um indício de nossa chegada à vida adulta. Ele estava de mudança para o Rapa-Nui, um edifício de apartamentos na rua onde Gwen morava. No mês seguinte, seríamos veteranos.

Anthony, Mira e eu pretendíamos ir a uma *rave* em Oakland ainda naquela noite. Chegamos cedo na festa de Ken, o que parecia razoável dado o caráter civilizado do evento, mas talvez fosse cedo demais; um de seus novos colegas de quarto ainda estava com o dever de casa aberto no colo. Fiquei feliz por poder passar um tempo com Ken antes de a festa ficar mais agitada, mas também me senti um pouco culpado, sabendo que teríamos de sair mais cedo. Ele nos recebeu calorosamente. *Preciso de um cigarro*, sussurrei, e lá fomos nós estrear sua nova varanda, que dava para o estacionamento do edifício.

Eu precisava do conselho de Ken. Após uma tentativa desajeitada e frustrada de fazer sexo, eu finalmente me sentia pronto para perder a virgindade, e comentei isso com ele, em parte esperando que ele fizesse uma piadinha sobre o ridículo de eu ter demorado tanto tempo para chegar àquele ponto. Eu realmente era alternativo em tudo. Ele sorriu e deu um soquinho em meu ombro. Achei graça, pensando em todas as vezes que eu meneara a cabeça para seus relatos de namoro e suas transas, como se eu fizesse ideia do que ele estava falando.

Fumamos com nosso habitual senso de propósito ritualístico. Levávamos a sério o que levávamos a sério. Pensei em todos os cigarros que fumaríamos em sua varanda ao longo do ano. Ken ia me contar alguma coisa quando a porta de correr se abriu, e Daniel, o estudante de ciências magricelo que Sammi começara a namorar, saiu para a varanda. Conversamos sobre o emprego de verão de Daniel num laboratório do *campus*. Ken se inclinou e colocou o braço ao redor dele, puxando-o para perto. Sammi é a melhor, ele disse, e ela merece ser tratada com respeito. Daniel olhou para Ken, assentiu e voltou para dentro. Depois, outra pessoa apareceu e nos contou sobre um aparelho chamado gravador de CDs. Ken ficou intrigado, mas eu revirei os olhos. Quem se importava com CDs quando era mais fácil fazer fitas?

Estávamos no meio de alguma coisa, depois não estávamos mais. Fiquei irritado, mas eu tinha outros planos para aquela noite. Deixei meu cigarro seguir para uma morte natural na beirada do parapeito, indagando-me se ele iria queimar até o fim e acabar sujando de cinzas os carros lá embaixo. Eu ainda precisava de um conselho, mas disse a Ken que continuaríamos com o cigarro depois.

"Ligo para você no domingo", ele disse. "Tem um cara no trabalho. É aniversário dele. Ele não tem muitos amigos, e acho que seria maneiro se a gente o levasse para sair." Ele queria que fôssemos dançar *swing*, então logo perdi o interesse. *Eu nem conheço esse cara*, eu disse. *Quem é "a gente" nesse caso?* Ele fez uma careta. "Seria uma coisa legal, cara." *Claro, claro... me liga amanhã*, eu disse, torcendo para ele não ligar.

Eu precisava ir embora, mas talvez passasse de carro mais tarde para ver se a festa ainda estaria rolando.

No começo, eu me senti atraído pelas *raves* mais por causa da noção de comunidade do que pela música em si. Você encontrava um panfleto, ligava para um número e anotava o endereço. Depois era como se render ao vácuo, um amontoado de faróis de carro que sinalizavam que você estava no lugar certo. Eu nunca tinha usado drogas, mesmo assim era mágico estar num ambiente sem centro de gravidade, no qual, para se orientar, você teria de seguir as linhas de baixo e o som atmosférico dos sintetizadores. Havia toda uma gama de rostos que você não encontrava à luz do dia: o vago e sombrio, dedicado ao ritmo; o sorridente e platônico, ávido para agradar; o arrebatado pelo êxtase. As coisas estavam sempre já acontecendo. As pessoas chegavam despretensiosamente, e seus passos começavam a se adaptar aos sons da festa, e logo pareceria que estavam tentando escapar de um saco imaginário com socos e pontapés. Não importava como você dançava.

Naquela noite, Anthony, Mira e eu fomos ao Planet Rock, uma festa que aconteceria no Internacional Trade Center, um armazém gigante que ficava próximo do Oakland Coliseum. Combinamos de retornar ao ponto de encontro por volta das três, mas não creio que tenhamos nos afastado por mais de uns poucos metros. Nada parecia bom naquela noite. O espaço era ao mesmo tempo amplo demais e sufocante. Quando a noite deu lugar à manhã, lembro-me de uma umidade que colava na pele, de estar de pé num galpão com vários aparelhos de som ligados ao mesmo tempo, a aura psicodélica sufocada por nuvens cinzentas, um cansaço moroso. Por um instante, deixei de me sentir jovem.

Ficamos até as três ou quatro. Depois que demos carona a Anthony, Mira e eu voltamos para a casa dela e passamos pela varanda de Ken. As luzes continuavam acesas. Lembrei-me da conversa que tivemos e pensei se deveria dar uma paradinha. Mas imaginei que ele fosse apreciar minha vontade de ir logo para a casa de Mira. Depois eu lhe contaria sobre a transposição desse marco.

Na tarde de segunda-feira, Sammi perguntou se eu já tinha falado com Ken. *Claro*. "Falou com ele depois da festa?" *Não*. Ele não me telefonou no domingo para sairmos com seu colega de trabalho. Sammi disse que ele também não tinha ido trabalhar naquele dia. Talvez tivesse brigado com a namorada? Não, Sammi continuou, ela também não tinha notícia dele. Ninguém sabia onde ele estava.

Fui a pé até o apartamento que Sammi compartilhava com Alec, passando pelo Rapa-Nui no caminho. Derrick, um dos irmãos da fraternidade de Ken, já estava lá. Eles ligaram para a polícia para reportar o desaparecimento. Alec acabara de encher uma tigela de Raisin Bran quando cheguei.

Um oficial do Departamento de Polícia de Berkeley estacionou o carro. Olhei para o distintivo e memorizei seu nome. Ele aparentava calma quando nos fez uma série de perguntas. Era como se estivesse fazendo um truque de mágica péssimo, no qual ele conjurava aleatoriamente um monte de curiosidades sobre Ken, sem jamais dizer seu nome. Se, naquele final de semana, vimos alguém que poderia estar usando uma camiseta desbotada do Sebo do Ned e botas marrons? Se tínhamos um amigo que tinha um colar feito de conchas brancas? Se conhecíamos alguém que dirigisse um Honda Civic 1991? As perguntas começaram a ficar íntimas e incômodas, então ele parou. Dois de vocês poderiam me acompanhar até a delegacia?, perguntou.

Sammi e Derrick foram com o policial, enquanto Alec e eu ficamos sentados nos degraus de entrada, fumando. Ainda não sabíamos o que sentir. O cereal de Alec estava empapado agora, nossa única indicação da passagem do tempo. Era terrível demais contemplar o pior; estávamos à beira de um número infinito de futuras possibilidades. Um alegre samoano da minha aula de estudos étnicos passou por nós e eu me perguntei aonde ele estaria indo. Como alguém poderia ir a qualquer lugar naquele momento? Duas horas depois, continuávamos sentados nos degraus de entrada, quando um carro de polícia trouxe Sammi e Derrick. Ela estava pálida. Derrick se remexia atrás dela, os olhos fixos no chão. Sammi nos contou que Ken estava morto. Derrick colocou o braço sobre meus ombros. Eu podia senti-lo, tenso e rígido, tentando parecer forte, e enterrei o rosto em seu peito, soluçando. “Ele se foi, Hua”, murmurou.

O corpo de Ken tinha sido achado em um beco em Vallejo, cerca de trinta minutos ao norte. De onde estávamos até lá, houve um zigue-zague de tentativas de saques em caixas eletrônicos. Um pescador encontrou o corpo de Ken no começo da manhã de domingo. Ken não tinha identificação, e seu carro estava desaparecido, por isso ele foi classificado inicialmente como indigente. Um retrato de seu rosto, feito por um artista, foi colocado em várias partes do *campus* no dia anterior.

Lembrei-me de que eu tinha saído mais cedo da festa de Ken; passei por sua varanda; eu me senti aliviado por não receber sua ligação no domingo pedindo-me para sair com ele para dançar.

Ainda estava sol. Deixei-os e fui à casa de Mira para lhe contar um resumo do que acontecera. Fechei as cortinas; fizemos sexo num silêncio quase completo. Depois, saí para o salão e comecei a ligar para meus amigos. Dava-me um senso estranho de propósito ser o portador de más notícias e, depois, o receptáculo da dor alheia. Eu era um contador de histórias com uma reviravolta que seguramente iria surpreender e destruir a todos.

No final, voltei para meu apartamento e liguei para a mãe de Ken. Sua voz estava trêmula e rouca. Fariam o funeral em El Cajon no sábado. Todos deveríamos ir. "Kenny te amava", ela disse, e desabei no chão, chorando e socando o carpete. "Ele te admirava tanto." Todos vieram me visitar naquela noite. Nossos corpos tremiam de exaustão, e nos fartamos de *pizza* e cerveja. Anthony encarava o infinito, boquiaberto. Alec ainda não conseguia acreditar. Gwen sempre achou que a nossa vida se parecia com um filme independente – extravagante, porém sem eventos –, e, agora, ela disse, estava tudo acabado.

Nos dois dias seguintes, desenterramos velhos negativos de fotos para fazer uma colagem, anotamos lembranças que pudessem ser compartilhadas com sua família. Saí para uma caminhada, irritando-me toda vez que via alguém sorrir ou gargalhar. Acabei numa loja de roupas onde comprei uma calça com risca de giz – do tipo que seria usado para dançar *swing*, imaginei – e uma camisa preta de boliche pelo mesmo motivo. Não era um traje convencional para funerais, mas me pareceu apropriado. Também comprei um diário. Ele tinha uma capa de tecido azul-escuro com um dragão bordado em ouro. Passei a anotar as coisas que eu conseguia lembrar. *Está tudo errado*, rabisquei com caneta permanente no meio da primeira página.

Henry, um de nossos amigos do dormitório, gravou uma matéria para o jornal noturno a respeito da morte de Ken, depois nos deu cópias da filmagem. Gravei uma fita personalizada para os pais de Ken, com canções e anotações que me lembravam o filho deles. Anthony arranjou passagens de avião para que pudéssemos assistir ao funeral em San Diego, distraindo-se com a logística necessária para que todos os nossos amigos, a maioria dos quais estava em Berkeley ou em Los Angeles para as férias de verão, terminassem no mesmo lugar. Ele imprimiu e distribuiu um itinerário completo, com o cronograma do fim de semana, endereços, a quantidade de assentos em cada carro e números de contato para emergências.

A polícia mencionou uma compra de cartão de crédito feita num *shopping* perto de onde morávamos. Henry correu para o carro e nos levou para ver se as câmeras de segurança tinham registrado alguma coisa. Parecia que as autoridades não estavam se mexendo suficientemente rápido. Talvez Henry conseguisse resolver o caso antes delas. Mas os assassinos não eram gênios do crime nem tinham qualquer plano para escapar. Fizeram uma cena na saída do *shopping* e a polícia não teve dificuldade para juntar as peças. Quando as viaturas chegaram para efetuar as prisões, o carro de Ken estava estacionado no gramado da frente do lugar onde eles moravam, com as luzes acesas.

Estavam em três. Um jovem casal e o homem que conheceram na estação de Berkeley BART. Eles esperaram do outro lado da rua, observando o entra e sai de pessoas, esperando sua vez de agir, observando a varanda com as luzes acesas, esperando por um coitado que ficasse para trás. Ken descia ao estacionamento pela escada dos fundos nas primeiras horas daquela manhã de domingo quando foi atacado. Fez o que pediram. Entrou no porta-malas. Entregou-lhes os cartões de banco. Mesmo assim, levaram-no a Vallejo e lhe deram um tiro na nuca.

No dia seguinte à morte de Ken, parei de escutar músicas de determinadas zonas da memória, evitei vibrações que me lembrassem certo modo de sentir. A harmonia ficou proibida; deixara de fazer sentido para mim. Procurei passar menos tempo com pessoas que evocassem o passado. Voltei a usar tênis da Nike, camisa polo e boné de beisebol virado para trás. Acima de tudo, fiquei obcecado com a noção de uma frase que pudesse ser escrita de trás para a frente e de novo para trás.

Peguei uma caneta e tentei me reescrever no passado.

## a call for submission

# Slant

An Asian Pacific American magazi
all interested undergraduates/gradu
dents to submit any original pie

politics
film
opinion
fiction/poetry
artwork

society and
music
arts and the
news
photograph

Works must be on issues and events r
Asian Pacific American community. Pl
free to contact us and pitch story ide
assignments, or get information on h
with the *Slant* staff.

Submissions sho
cover page with your name, year in
title of work, telephone number, address
copies of your work. Please drop off su
the ***Slant* box** at Heller Lounge on the 2
ASUC.

For more information or to cont
e-mail jojoba@uclink2 or huascene@ao
a note in our box in Heller at the ASUC

**deadline:**
**nov. 5 1997**

# hardboiled

berkeley's.asian.pacific.american.newsmagazine

issue 2.1 october 1998

[ **The Fading Color of Cal**
LOOKING AT PROPOSITION 209 TWO YEARS LATER ]

Houve uma época em que os fragmentos jorrariam de dentro de mim aos primeiros goles da primeira cerveja. O fato de aquela primeira garrafa escolhida – Newcastle Brown Ale – me lembrar dele. O próprio fato de eu estar bebendo. O fato de eu ter uma tendência a desaparecer, a levar as amizades muito a sério ou nada a sério, na maior parte das vezes. O fato de meu humor depender da chegada do verão, da sensação das tardes de sol, do som de uma melodia distante que foge da janela de um desconhecido. Que era por isso que eu continuava fumando, para admirar a maneira como a fumaça se dissipava no ar, sem rumo, efêmera.

O fato de eu conseguir visualizar Ken naqueles primeiros anos, antes que nossos rostos tivessem mudado, completando 21 anos, sentado no auditório, formando-se na faculdade com um corte de cabelo responsável. Vivendo em Boston, matriculado na faculdade de direito, vendendo mercadorias autorizadas no Fenway Park, seguindo seus muitos sonhos. O fato de eu estar escrevendo. Como um jeito de entesourar pilhagens numa cidade em chamas, de impor uma estrutura ao caos, de baixar o conteúdo de um disco rígido antes que ele sucumbisse à destruição. Nomes de canções, ideias para camisetas e citações de amigos, tudo escrito nas margens da página. Pegando guardanapos de bar para rabiscar frases, a fiel outra metade de uma piada interna que sobrevivera. Eu lhe falava sobre essas coisas porque era meu jeito de lidar com a perda, de contar histórias, de acreditar que as histórias pudessem construir uma ponte sobre o abismo.

Talvez isso fosse um legado, uma maneira de trazer Ken para o momento presente, um espírito que se tornasse real no tinir de duas garrafas, a aparição mágica de uma canção triste no ar.

A faculdade está repleta de chegadas e partidas, novos apartamentos, cada qual uma oportunidade para a gente renovar a personalidade e o ambiente. A vida passa rápido demais para excessos de preciosismo e, logo depois das provas finais, você empacota algumas coisas para mandar para casa e outras simplesmente joga fora. Ken me contou que, certa vez, jogou fora um boné dos Texas Longhorns, atirando-o no teto solar de uma limusine em movimento. Foi o ano em que seus amados San Diego Chargers chegaram à final do Super Bowl – motivo suficiente para um desfile comemorativo. Isso me entristecia um pouco, porque meus Niners massacraram seu time no jogo decisivo. Não houve a menor chance. Mas Ken compareceu mesmo assim para ovacionar seus heróis, e, de alguma forma, o boné voltou para ele com duas voltas e uns pontos riscados na aba. Ele me garantiu que aquele seria o autógrafo de Stan Humphries. Quando encontrei o boné em meu apartamento, dias depois, achei perturbador que fosse possível conviver com alguém tanto tempo sem perceber que sua cabeça era tão pequena.

Naquela primeira noite, depois que todos foram embora, escrevi uma carta para ele detalhando as coisas de que eu teria saudade – *a sua pele macia e os seus puns delicados*, os nossos rituais e as nossas piadas internas. Listei as coisas que ele tinha deixado para trás, porque ele estava sempre deixando as coisas para trás: o curativo grudado ao aromatizante do meu carro, a camiseta da sorte de voleibol que continuava em meu cesto de roupas sujas em Cupertino. Tudo que eu aprendi sobre lealdade, viagens no tempo, curas para ressaca que envolvessem bifes, ovos e uma porção de panquecas. Os nomes de perfil que usávamos para ridicularizar as salas de bate-papo de direita da AOL ("$enhor_da_Verd@de"). Contei-lhe sobre a noite com Mira, como Gwen e Alec estavam passando, quanto precisávamos dele. *Então fica comigo, está bem, Ken? Pode ficar mais um tempo comigo?*

Eu não me voluntariei para escrever o discurso em homenagem a ele, mas o fato de eu estar sempre escrevendo naquela semana, metido numa espécie de documentação ostensiva, fez com que eu parecesse a escolha natural. Com isso, parte de minha tristeza foi substituída pelo estresse dos prazos urgentes.

Naqueles primeiros dias, tudo assumiu uma importância talismânica. Era reconfortante ficar próximo das coisas dele: camisetas, bonés, fitas cassete, umas páginas de *O IMBRÓGLIO de Barry Gordon*. Seus colegas de quarto nos convidaram para ver as coisas dele e eu fui à varanda buscar o último maço de cigarros que começamos a fumar.

Era tão gostoso acordar todas as manhãs. Eu abria os olhos, afastava as cobertas e caminhava até a sala de estar. Por um instante fugaz, eu esquecia. Eu me perguntava por que havia caixas de *pizza* e chumaços de lenços de papel por cima da mesa, por que não tínhamos ensacado todas as garrafas de cerveja. Eu amava aquela sensação – aquele estado transitório de não saber, não lembrar, ainda que apenas por um segundo.

Comemos fora várias vezes naquela semana. Ninguém era deixado sozinho; todo jantar era uma festa. Compartilhávamos lembranças que beiravam a depressão, então alguém se recordaria de uma coisa engraçada e nos traria de volta do precipício. Paraag, Jen, Rosa e eu estávamos comendo macarrão no King Dong, um restaurante chinês. Lembro-me de recostar na cadeira e rir o mais alto possível. Éramos escandalosos e barulhentos porque precisávamos ser assim. Contei os segredos de Ken para nossos amigos, revelando-lhes tudo que ele mais gostava neles. Disse às garotas que ele amara secretamente o fato de tê-las amado. Senti-me como o executor de seu testamento espiritual, encarregado de distribuir conhecimento e alegria. E eu queria que fizessem o mesmo por mim.

Repisei quão ávido por sair eu estava naquela noite. Eu ainda me lembrava das luzes quando passamos na frente de sua varanda, a caminho da casa de Mira. Eu achava que poderia ter evitado aquilo de alguma maneira.

Escrevi-lhe coisas que eram grosseiras e profanas, bobas e acusativas, tristes e desesperadas, só para saber se ele as veria de onde estava. Eu lhe falei sobre sexo e confusão, e como a mãe dele acabara comigo em suas tentativas de me consolar. Ao final de cada noite, eu punha tudo no papel, porque eu não queria jamais me esquecer daquelas coisas – a dor, a libertação, os lampejos de euforia quando estávamos todos rindo. Em algumas páginas, eu mascarava minha letra para ver se os rabiscos levariam a um lugar contínuo e ininterrupto. Minha letra mudou naquela semana, tornou-se mais arredondada, mais ornamentada, como a fúria violenta das assinaturas de grafiteiros. Eu me perdia tentando encontrar as palavras certas. O que tínhamos aprendido nas aulas de retórica, sobre a noção de "suspensão do significado" de Derrida, é que as palavras são meros símbolos que nunca traduzem plenamente o que queremos dizer. No entanto, as palavras são tudo o que temos; elas nos aproximam ao mesmo tempo que nos afastam.

Decidimos que o discurso seria um projeto coletivo. Todo mundo poderia compartilhar uma lembrança ou um sentimento e eu reuniria tudo. "Ken tinha acabado de conhecer uns amigos nossos da escola", Rosa e Jen escreveram num guardanapo, "mas isso não o impediu de defendê-los quando uns caras vieram puxar briga. Ken lutou mais do que todo mundo". Havia um pedaço de papel de carta que elencava os motivos pelos quais ele seria um "criançao" e um poema sem sentido sobre quais CD-Rs não usar, anotado no verso de um recibo.

Dois voos partiam de Oakland para San Diego, e eu estava no segundo, que chegava por volta de oito e meia da noite, um dia antes do funeral. Andar em grupo parecia essencial. Tudo foi como nos filmes durante aquela semana, o perfil dos amigos desenhado no brilho laranja-arroxeado do pôr do sol. Entramos numa van que aguardava para nos levar a um hotel.

Sentei-me na frente e bati um papo com o motorista; era estranhamente reconfortante conversar com pessoas novas depois daqueles dias em que, só de ver o outro triste, você já era lançado em uma espiral. O motorista era um homem grande e curioso; estava claro que gostava da parte de seu trabalho que envolvia socialização.

Havia um livro de autoajuda no painel. Mas formávamos um grupo excepcionalmente silencioso, dada a quantidade de pessoas. Depois que expliquei o motivo de nossa viagem, ele nos deixou quietos, lançando olhares ocasionais para os diferentes rostos no retrovisor.

Ocupamos toda uma ala de quartos no segundo andar do hotel. Éramos cerca de doze. A primeira coisa que fizemos foi levar as cadeiras para a varanda, para termos onde fumar, e juntar as camas. Tentamos imaginar como seria assistir ao funeral de alguém da nossa idade. Quem mais viria? Alguém conhecia os pais dele? Como era a irmã dele? Fiquei acordado até tarde tentando escrever. Dormimos um sono pesado, jogados uns sobre os outros, um sono limpo e feliz.

Foi a semana em que havia moscas por toda parte. Talvez as moscas fossem uma só, que me seguia aonde quer que eu fosse. Deitado na cama ou dirigindo com as janelas fechadas. No banheiro do avião, na ponta do cigarro, em qualquer varanda onde eu me encontrasse. *Ele sempre pegava as nossas manias*, escrevi no meu diário azul. *Em contrapartida, ganhei o vício em nicotina*. Uma mosca pousou na página e caminhou de um lado para o outro, seu rastro desenhando uma frase que eu não sabia ler.

Fiquei obcecado em registrar tudo, reparando em cada estranheza atmosférica. Nas margens do diário, desenhei as treliças do hotel. Anotei tudo que a memória permitisse. Algumas coisas serviriam de estudo no futuro, frases enigmáticas sobre tempos pretéritos que pareciam boas demais para o vocabulário que eu possuía. Eu escrevia por me sentir responsável pelo nosso passado. Algumas páginas foram preenchidas com piadas internas, porque eu não queria me esquecer do "grande fiasco do ovo" nem de qual dos amigos de Ken sempre confundia meu nome e me chamava de "Woo".

Na tarde de sábado, tivemos permissão para ver o corpo de Ken na câmara fria. Eu ainda não terminara o discurso. Senti uma espécie de *déjà-vu* enquanto dirigíamos pela rua da funerária. Talvez fosse o clima. Eu estava com Anthony e os rapazes. Vagamos pelo estacionamento o maior tempo possível, tentando adiar o inevitável, com os braços por cima uns dos outros, unidos como se estivéssemos nos preparando para uma jogada ensaiada. Aquilo parecia seguro e nos revezamos para garantir uns aos outros que seríamos amigos para sempre. Os dias foram gastos tentando invocar a essência dele, relembrando seu olhar, seus trejeitos, seus cheiros, e agora seu corpo estava a poucos passos de distância. Nós nos alternamos para falar com os pais de Ken, que nos reconfortaram separadamente, um por um. Seus rostos estavam inchados e amarrotados. Então nos aproximamos do caixão, um por vez, para prestarmos uma última homenagem ao nosso amigo, compartilhando com ele um último momento de intimidade. Enquanto eu caminhava em sua direção, uma curiosidade se apoderou de mim: Será que veríamos o ferimento em sua cabeça, por onde o projétil saíra? *Porra, Ken*, murmurei ao espiá-lo. Uma mosca pousou em sua bochecha. Espantei-a com a mão, quase tocando nele, mas a mosca não se mexeu, como uma espécie de afronta.

O que eram todos aqueles presságios e aqueles sinais? Convenci-me de que as moscas seriam ele, zumbindo na minha orelha e tentando mexer comigo, e soltei uma gargalhada histérica.

Depois que voltamos ao hotel e nos vestimos, fomos de carro para um Wendy's na esquina. Eu me aconcheguei numa mesa com meu diário azul, tentando terminar o discurso, quando uma mosca pousou e se equilibrou nas palavras que eu acabara de escrever. Então parou. Desenhei um círculo em volta dela e sorri.

O culto foi às sete da noite, embora parecesse ser de tarde, uma longa tarde, perfeitamente parada. Na capa do folheto havia uma fotinho colorida dele. Seu olhar parece que nos atravessa. Embaixo, as palavras: "Amor perdido, mas não esquecido". Estava lotado. Vi tremores de emoção ao examinar o local. Vi Mira, com quem eu não falava fazia dias e que não me disse que vinha. Fui tomado de um amor súbito por ela. Um ancião da igreja de Ken disse que nunca tinha visto tanta gente reunida numa celebração fúnebre. Fui lembrado de que Ken tinha todas aquelas outras identidades: "Kenny", membro da comunidade nipo-americana da região de San Diego, um jovem irmão. Um jornal de São Francisco o descrevera como "um acadêmico, membro da fraternidade Sigma Alpha Mu, que jogava voleibol e começara a fazer aulas de *swing*". Referiam-se a ele como "Kenneth" e citavam amigos que eu não conhecia. Eu o conhecia de um jeito muito específico ("Hiroshi Yamasaki"), que começava a parecer pequeno demais. Houve ofertas de flores da parte dos amigos da escola, dos irmãos da fraternidade, dos conhecidos da igreja. Sua família organizara um fundo estudantil em seu nome. Eu nem sabia que eles frequentavam a igreja.

Aquilo não dizia respeito apenas a nós. Éramos só os amigos dele. Tínhamos conhecido apenas pedaços dele, durante uns poucos anos de nossas vidas relativamente curtas.

O funeral lembrava uma *rave*. Estava abafado; eu podia ver o ar deslocando-se pelo salão. Todos se tocavam e pendulavam, apoiados nos vizinhos, emitindo auras, sozinhos em mundos privativos, desesperados para adentrar outros mundos, com outras pessoas. Um sorriso dolorido do outro lado do salão seria capaz de destruí-lo. O feliz pulsar e o formigamento das risadas compartilhadas. Corpos que tentavam se livrar de coisas ruins enquanto se remexiam, soluçavam, balançavam-se para a frente e para trás nos bancos da igreja, tentando conter aquele sentimento. Quis gritar, quis escutar todos os outros corações batendo no silêncio.

O folheto me identificava como membro da fraternidade Sigma Alpha Mu, algo que Ken teria achado hilário.

Li nossas palavras em voz alta. O cara sabia viver. O brilho em seus olhos, os diferentes cortes de cabelo – tudo exemplar –, o jeito como conseguia simplesmente se safar de tudo, fosse por ter feito algazarra na biblioteca, fosse por ter feito você perder o voo. Ele era sumamente perdoável. Nunca respeitava o direito dos outros ao sono, sobretudo quando descobertas e inovações estivessem em jogo. O cara menos cínico do planeta. Um criançāo, leal na hora da briga, sério colecionador de piadas internas. As risadas, sempre.

Passei anos tentando descrever sua risada; era rouca e nasalada. A perspectiva de esquecê-la era algo que me assustava. O jeito como seus olhos se abatiam quando ele bebia, o risinho confiante que se transformava num sorriso largo e cheio de dentes. O sorriso de uma criança. A rouquidão da noite seguinte, os tsc-tsc argumentativos, a alegria professoral de quando ele arrancava você da cama, do quarto, para jogá-lo no mundo.

Foi uma experiência extracorpórea. Eu não reconhecia as palavras escritas na página; eu estava em outro lugar. Não reconhecia as roupas em meu corpo: a camisa de boliche preta e a calça com risca de giz que comprei dias antes. Cabia a cada um de nós proteger as lembranças que tínhamos dele, eu disse, porque isso fazia um pedacinho dele voltar para nós. Era a única maneira de levá-lo conosco para o futuro. Fiz uma lista de todas as coisas que jamais faríamos com ele: a antecipada *performance* de *Piano Man* com Irami e Alec; o presente de aniversário de Steve; ir às formaturas, aos casamentos; brincar com os futuros filhos de Gwen. *Sentimos muito por esse mundo ser tão louco e fodido. Ele tirou você de nós, e nós de você.*

Sammi achou os palavrões um pouco excessivos para um evento tão solene.

Quando voltei ao banco, senti-me fraco, como se fosse desmaiar, a exaustão da semana finalmente cobrando seu preço. Por poucos segundos, avistei a paz. Meu maxilar e meus ombros relaxaram; descansei a cabeça no ombro de Sean, envolvi Anthony com o outro braço. O discurso, elaborado com base em nossas memórias conjuntas, representava, com exatidão molecular, o que a vida nos parecia naquele momento. Talvez não estivesse bem escrito. Mas foi perfeito.

Saímos em fila, calados. Era de noite, mas o sol continuava no céu, o que achei um pouco deprimente. Era como se o tempo não tivesse passado e nada tivesse acontecido. Fiquei com vergonha de fumar na frente da família de Ken. A parte de dentro do meu braço ardia quando desencostei da janela do Camry de Sean e, quase aos berros, disse a todos no estacionamento que os amava. Tocamos "Tha Crossroads" num volume mais ou menos alto. Isso também foi perfeito. Delirante e profunda, extasiante e gentil, cheia de altos e baixos, com os membros do Bone Thugs-N-Harmony fazendo um *rap* na velocidade da luz, ultrapassando o próprio tempo, na esperança de alcançar uma última vez os amigos e os familiares falecidos. Eu escutei aquela canção centenas de vezes nos dormitórios, odiando sua fluidez suave. Agora era um sedativo, o único tipo de música que eu suportava escutar. Não uma fuga do presente, mas uma maneira de mergulhar mais fundo em suas camadas, em suas texturas, ainda que apenas por uns minutos. Uma experiência mediúnica. Eram *rappers* tentando fazer *doo-wop*. Havia algo diferente no entrelaçamento imperfeito e agressivo de suas vozes; parecia provar a existência de algo mais elevado.

Todos seguiram em comboio até a casa de Ken, onde seus pais fariam uma confraternização. Sean e eu estávamos saindo do estacionamento quando percebi que eu já tinha estado naquele lugar. A funerária ficava na mesma rua da CD City, onde Ken me levara para comprar fitas, meses antes. Sean parou o carro para que eu pudesse fumar um cigarro do lado de fora.

Os pais de Ken garantiram que fôssemos bem alimentados. Eu não podia acreditar que tivessem energia para preparar tanta comida e cuidar de todos nós. Uma quantidade excessiva de jovens de 20 e poucos anos se amontoou no sofá da família. O rosto do pai dele tinha uma tonalidade avermelhada, dava para perceber de onde vinham os olhos de Ken. Seus pais não choraram na nossa frente, mas, a julgar por seus semblantes, eles nunca mais voltariam a sorrir. Sean e eu nos revezamos para sair de casa e chorar no meio-fio. Quando fomos embora, os pais de Ken disseram que mandariam pelo correio qualquer coisa dele que quiséssemos guardar.

Naquela noite, Paraag, Sean, Dave e eu fomos a Barona, um cassino que Ken mencionava com frequência. Ficava em Lakeside, cerca de uma hora para o leste. Eu não queria ir, mas também queria fazer alguma coisa, ir a algum lugar, sentir o confortável aprisionamento do carro, depois vagar entre pessoas que seriam estranhas para nós. Entramos no carro de Sean, canalizando o espírito de Ken: "Vegas, *baby*!" Ele gostava de citar essa frase de *Swingers: curtindo a noite*, mesmo quando a aventura consistia em caminhar até a esquina para comer uns burritos. Barona não lembrava Las Vegas, pelo menos não as partes glamurosas. Parecia encardida e triste, com pessoas desmotivadas puxando alavancas e pedindo as cartas com um desespero cansado. Perdi vinte dólares e passei as horas seguintes andando em círculos, escrevendo sobre os eventos do dia no verso de recibos de caixas eletrônicos e em cartões de visita.

Voltamos de avião bem cedo no domingo. Quando entrei em meu apartamento, desabei no sofá, olhando para as partículas de pó que flutuavam preguiçosamente no ar, e coloquei uma música bonita. Não me lembro de qual, só que sua beleza, lançada num céu azul e tranquilo, tornou-se insuportável. Antes, a harmonia era sugestiva de uma ordem sublime, resoluções tão eternas e verdadeiras que sua beleza não seria apenas reconhecida, mas também sentida como vibrações em nosso corpo. Agora, ela me enojava. Coloquei o volume no máximo, até que a música se tornasse um barulho distorcido, então desliguei tudo e fui para o banheiro. Peguei a maquininha de Anthony, ajustei-a para cortar o mais rente possível e raspei o cabelo, ignorando várias partes importantes da nuca.

Saí para encontrar Alec e Gwen numa nova lanchonete de comida vegetariana na avenida Telegraph. Subi a rua Channing, tentando não olhar para a varanda de Ken. Foi estranho estar sozinho. Alec e Gwen repararam em meu novo corte de cabelo, mas estavam cansados demais, ou eram gentis demais, para dizer que estava horroroso. Conversamos, tomando cuidado para não dizer nada.

Depois do almoço, fui caminhando até a Amoeba para dar uma olhada nos CDs. Mas tudo me lembrava alguma coisa, a invocação de um sentimento de insignificância ou uma timidez quebradiça que perdeu a razão de ser. A música já não servia de modelo para um mundo melhor. "God only knows" me irritava. Era como se eu pudesse escutar todas as outras vezes que escutei a canção. O LP todo arranhado de *Pet Soundz* que tirei do cesto de usados da loja, as cantorias em San Pablo enquanto procurávamos *donuts*, os intervalos de aula, aquela cena de *Boogie nights: prazer sem limites* que dissecamos enquanto voltávamos de Walnut Creek no jipe conversível de Steve. Momentos que pareciam insignificantes até a gente ter um motivo para se apegar a eles e tentar encaixá-los num padrão. A voz de Carl Wilson já não tinha pureza nem ternura; pelo contrário, parecia debochada, como se guardasse um segredo que eu quisesse saber. A imponência dos arranjos de seu irmão Brian, a perfeição sonora, as muitas pessoas que se uniam por meio de uma bela canção: tudo isso me causava repulsa. Decidi não mais escutar canções que remetessem ao meu passado.

Depois do funeral, retornei para meu trabalho de verão como professor em Richmond. O diretor do centro juvenil me aconselhou a tirar uma folga, mas achei sensato retomar a rotina. Agora, em momentos aleatórios das aulas de matemática, eu iniciava monólogos sobre a necessidade de manter os amigos por perto, de aproveitar as possibilidades da juventude. "Não me importo de ser velha ou jovem", retrucou uma menina de 10 anos chamada Melissa, "contato que eu esteja viva". Um dia, pedi que fizessem "mapas de vida" que conectassem a jornada da família deles aos sonhos que idealizavam para o futuro, não importava quais fossem. Assistimos várias vezes a uma cópia em VHS do filme das Spice Girls. Toda a energia que eu conseguia reunir durante o dia era gasta torcendo para que o aparelho de videocassete funcionasse. Eu me sentava ao fundo e via meus garotos vendo os filminhos deles, embalados por sua capacidade para o encantamento. Eu achava que ser professor, às vezes, era como ser um vampiro. Você sugava as energias dos alunos e aprendia com eles tanto quanto ensinava.

Eu me sentia responsável por mantê-los seguros, embora eu não conhecesse os perigos específicos que eles corriam. Cada momento importava; cada momento precisava ensinar uma lição de vida. Eu gastava mais tempo dando carona para eles do que corrigindo suas tarefas. Depois das aulas, eu os levava para casa ou tentávamos a sorte num *shopping* diferente, mais animado, na estrada. Certa vez, alugamos um filme na Blockbuster, paramos na Target para comprar umas coisinhas para comer. Peguei um pacote de *cards* de beisebol enquanto passava no caixa. Uma garota durona de 13 anos chamada Megan perguntou se eu não estava velho demais para *cards* de beisebol. Respondi qualquer coisa sobre o encanto da nostalgia e sobre querer abraçar novamente a sensação de uma inocência despreocupada. Ela olhou para mim e balançou a cabeça educadamente, mal conseguindo disfarçar sua opinião. Eu estava jogando dinheiro fora.

Certa vez, saímos para dar uma volta de carro numa sexta-feira à tarde; olhei pelo retrovisor e vi quatro garotos pré-adolescentes, encostados ombro com ombro, o tipo de intimidade que pareceria nova e incerta naquela idade. Eu desistira de tocar para eles as minhas fitas de *hip-hop underground* ou de Sly and The Family Stone, tampouco continuava tagarelando sobre o contexto socioeconômico que definira os *rappers* e os cantores de sua predileção. Eles queriam escutar os sucessos de 2Pac, não o resto do álbum. Eles controlavam o rádio. Um raio de sol atravessou o carro e iluminou dois deles enquanto cantavam "Nice & Slow". Eu não os achava parecidos comigo nem com os outros asiáticos com quem eu crescera. Mas um dos garotos me lembrava o Usher, algo em seu sorriso, em sua postura. A garota ao lado olhou para ele e corou, consciente de que a espiada demorara um nanossegundo a mais do que deveria. Ele continuou gingando, cantando, as gavinhas da franja rebolando também. Aquelas canções lhes ensinavam a desejar, a se expressar. Eram emoções que ainda não estavam plenamente enraizadas, mas que, em breve, ganhariam força.

Aquele foi o ano em que, a cada duas canções na rádio, uma apresentava o Master P. No começo, achei sua música muito lenta. Eu não gostava da maneira como ele se apoiava nas sílabas, com uma rispidez extravagante, como quem se regozija de ter pouco a dizer. Aquilo era um gemido, não um *rap*. Eu sempre lembrava meus passageiros de que, embora o Master P fosse péssimo, ele vinha de Richmond, como eles. A gravadora administrada por sua família, a No Limit, foi uma das mais bem-sucedidas na história do *hip-hop*. Meus garotos também poderiam ser empreendedores um dia, se quisessem.

À medida que o verão passava e eu escutava mais e mais "Make 'em say ugh" e "It ain't my fault", de Silkk the Shocker, essas músicas começaram a fazer sentido para mim num nível mais básico e humano. *Rappers* como eles vagavam pelo mundo num ritmo próprio. Os corpos se esforçam quando faltam palavras. Às vezes um rugido ou um soluço dizem mais. Aquelas batidas soavam como se a morte estivesse arrastando móveis no submundo. Eu e meus garotos andamos de carro tantas vezes que aquelas canções que eles adoravam, desde os hinos da No Limit até as músicas mais suaves e lentas, às quais eu resistira por meses, tornaram-se os sons de que eu mais precisava. As harpas angelicais de "The boy is mine", de Brandy & Monica, o jeito de cantar chorado de Aaliyah em "Are you that somebody?". Antes a música me ensinou sobre paixão, timidez, as virtudes de se sentir pequeno. Agora eu mergulhava em histórias épicas, cheias de brilho, que falavam de coração partido e de ressurreição, canções que catalogavam vidas de triunfo e de tristeza e coisas muito maiores do que um garoto ou uma garota em específico.

Na semana após a morte de Ken, meus amigos e eu éramos inseparáveis. Sammi, Alec, Gwen, Henry e eu fomos assistir a *Quem vai ficar com Mary?* poucos dias depois de voltarmos do funeral. Mal o filme começou, lembrei que Ken e eu tínhamos visto o *trailer* meses antes, quando fomos a Emeryville para uma sessão tardia de *O show de Truman*. Planejávamos assisti-lo juntos. Sua presença estava tão fresca em minha lembrança que eu sabia dizer quais falas teriam caído em seu gosto e conseguia escutar sua voz, repetindo-as para mim.

Com o tempo, ficou difícil partilhar o luto com os outros, uma vez que rastejávamos em estágios diferentes de tristeza, calibrados cada um pelos próprios gatilhos e intensidades. Anthony voltou ao trabalho no *campus* depois que sua chefe, do nada, veio dizer que sobrevivera a um tiroteio em massa num escritório de advocacia em São Francisco, no começo dos anos 1990. Ela não explicou por que decidiu compartilhar essa história, e ele não soube o que responder. Mas parecia ser uma tentativa de estender a mão, a lição de que a vida continua, que os adultos aprendem a tão duras penas. Ninguém fora de nosso círculo sabia o que dizer para nós. Mas, pelo menos entre nós, compreendíamos a eloquência do silêncio.

Uma das primeiras pessoas com quem falei que não estavam restritas ao nosso pequeno mundinho foi Jay, meu mentorando em Richmond. Ele era um garoto de 13 anos, tinha um sorriso intenso, ligeiramente assustador, e escutou minha história paralisado, absorvendo cada detalhe. Ele não estava na minha turma de verão, mas passava muito tempo no centro, o que eu julgava ser um bom sinal. Ao contrário de seu irmão, que era silencioso e sonolento, Jay falava alto, era escandaloso, metia-se em brigas e encarava qualquer um, de qualquer idade, que pretendesse desafiá-lo. Eu gostava de tê-lo por perto.

Tinha prometido que o levaria ao cinema. Numa quarta-feira tranquila, uma semana e meia após o funeral de Ken, levei Jay e uns garotos do programa de mentoria para uma matinê no Hilltop, um dos *shoppings* locais. Eu estava tão atordoado, que já se tinham passado dez minutos do filme quando percebi que eles eram jovens demais para assistir a *Players club*, uma comédia sombria que falava dos primeiros tempos de uma boate de *striptease*. Eles devem ter pensado que aquele era seu dia de sorte, pois se remexiam e soltavam risadinhas, deliciados com sua primeira visão de uma mulher nua.

O filme terminou e saímos lentamente do cinema. Jay olhou para mim. "Anda com a gente no *shopping*, Hua." Eu era o supervisor, mas eram eles que estavam me protegendo. Contei aos outros o que acontecera com meu amigo. "É complicado", disse Saeng, o mais sábio entre os garotos. Sua voz falhou um pouco. "Que loucura." Um deles se ofereceu para pagar meu almoço qualquer dia desses.

Eles nunca mais tocaram no assunto, mas Jay passou a carregar minhas coisas na curta caminhada que ia do centro juvenil até minha sala de aula, que ficava umas poucas portas mais à frente.

Em agosto, na última semana da escola de verão, os garotos desafiaram o corpo docente para uma partida de *softbol*. Aquela, pensei, seria a melhor maneira de fechar o verão. Eu recuperaria o ânimo no gramado.

Chegou o grande dia, e, após uma noite visualizando desfechos positivos, pensei que tudo correria bem. O time dos funcionários começou a oitava rodada perdendo por um *run*, e eu seria o primeiro a rebater. Fazia uma boa partida, pouco espetacular, mas conquistei duas vezes uma base, sem cometer erros, sobretudo porque os jogadores do outro time não tinham experiência e eram eliminados sem rebater. Era a hora da verdade, e meu time precisava de mim.

Eu estava usando *shorts* camuflados, camisa polo, um visor da Nike que pertencera ao Ken e um tênis Air Max cinza. Subi minhas meias brancas o máximo que podia, até os joelhos, para realçar a corrida para as bases. Tirei as chaves do bolso e as entreguei para outro professor. Caminhei apressadamente até o *plate* e pisquei para meus alunos. Bati com o taco na sola do tênis e me posicionei. Jay sorriu e arremessou a bola na minha direção. Rebati para baixo e para o lado direito, sem força. Ela foi quicando no chão de terra, fraca e inofensiva. Corri o mais rápido que podia pela linha.

O homem da segunda base errou o passe, e a bola foi parar quase no estacionamento. Tomei a liberdade de virar na primeira e corri com arrogância para a segunda. Notei que os defensores externos estavam de paquera e decidi correr para a terceira. Pensei em entrar nela de carrinho, um carrinho perfeito. Depois, bateria o pó das mãos e me voltaria para o banco de reservas, onde meus colegas estariam aplaudindo. Foi quando vi uma bola voar rumo à terceira base, destinada a chegar lá antes de mim. Avaliei o homem da terceira base: Megan. Ela estava brincando com a luva no meu momento de rebater, então seria seguro dizer que não estava preparada nem para a bola nem para mim quando ambos voamos em sua direção.

Eu estava à procura de orientação. Aquela parecia ser minha chance. Atravessar nas luzes verdes do semáforo.

Eu dedicara longas horas àqueles garotos; quem era eu para lhes ensinar que a vida não era fácil nem justa, que eles precisavam respeitar a autoridade? Às vezes, a realidade é uma loucura. Você busca abrigo e percebe que a vida não é um sonho, no final das contas. Os tiras vão atormentá-lo sem motivo; o humor dos seus pais, sempre tão cansados, parece ser regido por forças que você ainda não sabe nomear. Seu mentor de 20 e poucos anos, aparentemente tão tranquilo, dispara na sua direção, absolutamente decidido a vencer. Eles ainda tinham muito que aprender.

A bola chegou muito antes de mim, com uma folga considerável, mesmo assim escorreguei para a base querendo trombar com Megan e chutar sua luva. A bola escapou de suas mãos, e ela rolou no chão. Minha canela ficou toda destruída; o campo não tinha boa conservação, e o gramado estava cheio de pedrinhas e cacos de vidro. Continuei correndo, bati o pé na *home plate* e joguei os braços para o alto. Meu joelho estava gelado por causa do sangue que escorria. Senti-me livre. Gritei.

Nenhum dos meus companheiros de equipe – os administradores, os professores e os outros mentores – quis me cumprimentar depois desse *home run* improvável, no qual a bola sequer saiu de jogo. Em vez disso, ficaram parados, em choque. A boca da minha chefe estava escancarada; ela parecia assustada demais para se zangar comigo. Uma professora tentou disfarçar a repulsa com um sorriso amedrontado. Outros adultos esconderam o rosto. Os garotos, satisfeitos, correram para o campo e me cercaram em festa.

Senti alívio quando o verão terminou. Os dias se tinham empilhado, e as semanas também; as coisas precisavam melhorar. Escrevi sobre a partida de *softbol* em meu diário e decidi que meu novo lema seria: "A VIDA VOA". Uma casquinha de ferida horrorosa, do tamanho de um bife, formou-se em meu joelho. Admirei a maneira como ela cresceu, mudou e abriu novas fendas. Parecia-se com uma faixa de terra avançando lentamente sobre o mar. Eu a exibia como uma medalha. Adorava contar a história de como ela tinha sido feita, porque meu apreço pela violência soava atípico. Além disso, era uma história nova – uma história sem ligação com Ken e o passado.

Eu passava todas as noites no apartamento de Mira, mas não queria falar nem fazer nada. Fiquei irritado quando comparamos nossos horários de aula naquele outono e percebemos que não conseguiríamos almoçar juntos. Seu colega de quarto era Charles, um dos irmãozinhos de Ken da fraternidade. Ele estava namorando uma das amigas de escola de Mira, Kathy. Eu admirava o ritual de Charles, que sempre terminava o dia com uma cerveja, um cigarro e umas rodadas de beisebol no Playstation. Quando Mira ia para a cama, Charles e eu jogávamos em silêncio, projetando nossos destinos na tela.

Agora que meu emprego de verão acabara, minha mãe e eu viajamos para Taiwan para passar duas semanas com meu pai. Eles acharam que uma mudança de ares me faria bem. Era reconfortante poder ficar em paz num contexto familiar tão manejavelmente pequeno. Eu era deixado quieto. Sonhei que Ken e eu íamos ao 7-Eleven e, para meu alívio, eu lhe devolvia a camisa da Polo Sport enviada por seus pais. No dia seguinte, meus pais e eu fomos ao templo fazer oferendas aos antepassados. Já tinha feito isso centenas de vezes, mas dessa vez foi diferente. Quis escolher a melhor vareta de incenso da pilha; meus gestos ao me aproximar do altar tinham de ser precisos e perfeitos. Quando me inclinei, sussurrei para ele. Quando abri os olhos, uma mosca pousou num colar de contas.

Poucos dias após a morte de Ken, minha mãe me ligou no celular enquanto eu estava dirigindo. Sammi atendeu e elas conversaram por uns minutos. Minha mãe disse que achava terrível o que tinha acontecido. Mas precisávamos encontrar uma maneira de seguir com nossas vidas. Aquilo nos pareceu um conselho cruel, sobretudo porque ainda estávamos em choque. Depois daquela ligação, meus pais e eu quase não tocamos mais no assunto.

Quando estávamos de partida, meu pai me entregou uma carta escrita em papel ofício. "Quando olho além do trabalho", ele disse, "sociedade e mundo me frustram". Ele lamentou a existência de um oportunismo covarde que se aproveitava do nosso sistema econômico. "Não podemos esperar que diabo mude pensamento dos outros." Meu pai não mencionou os eventos do mês anterior, mas quis mostrar que ele e minha mãe estariam do meu lado, apesar das "insertezas" do último ano na faculdade. Talvez eu conseguisse encontrar maneiras de efetuar mudanças de dentro do sistema legal, ele escreveu. "O que você acha?"

Ele também me deu uma fita com as suítes para violoncelo de Bach. "Música parece tocar questão da 'liberdade verdadeira'", ele escreveu. Talvez eu tivesse uma compreensão mais profunda do que ele. "Ainda gosto Beethoven – Brahms – Tchaikovsky – Bartók – Janacek. Quando não estou bem, escuto eles para tranquilizar. É claro, Bob Dylan e Neil Young, em menos quantidade. E você?"

É estranho que a gente esteja envelhecendo sem o Ken, escrevi em meu diário, embora, naquele momento, ele estivesse morto fazia apenas um mês. Eu sentia uma nostalgia pungente por coisas que tinham acabado de acontecer e anotava tudo, como um historiador faria para descrever os momentos decisivos dos séculos passados.

No último fim de semana antes do começo do quarto e último ano, fui a Cabo San Lucas com Sammi, Alec, Gwen, Dave e outros amigos. Coloquei tudo que podia dentro da minha mochila. Eu passei a usar o boné dos Cuban Sugar Kings deixado por Ken em meu apartamento. Alec ficou de óculos escuros o tempo todo porque havia uma cicatriz feia debaixo de seu olho direito. Ele desistira da sobriedade após o funeral. Num dos eventos de trabalho de Gwen, houve uma festa com *open bar*, e Alec bebeu tanto que caiu na rua, estilhaçou os óculos e quase ficou cego.

Pensei que nosso avião para o México fosse cair. Que o táxi para o *resort* fosse colidir de frente com outros carros. Que eu fosse contrair alguma doença rara dos lençóis de cama. Que minha cicatriz de *softbol* fosse exigir uma amputação. Numa tarde, todos os outros foram fazer pescaria em alto-mar. Como eu não sabia nadar, fiquei para trás, vendo o barco sumir no horizonte. Andei de um lado para o outro da praia deserta, imaginando o que fazer caso algo terrível lhes acontecesse. Aqueles homens talvez não fossem pescadores e guias turísticos; talvez fossem gênios do crime. O céu estava lindo e sereno, mas e se ocorresse um furacão e meus amigos ficassem encalhados? De repente, fazia sentido sempre esperar pelo pior.

Tínhamos de passar por uma obra a caminho da praia, e os operários, a dezenas de metros de altura, ficavam assobiando e dizendo obscenidades para Sammi e Gwen. Pensei em quão genéricos e normais a gente parecia lá de cima.

Festejar no México era o tipo de coisa que eu jamais teria feito antes da morte de Ken, mas esperava obter com isso uma abertura para a diversão que teria honrado sua memória. Eu tinha um relacionamento tenso com a diversão. Passava a maior parte do tempo escrevendo em meu diário ou fumando do lado de fora das boates. Eu era como a morte da festa, incapaz de desligar, bebericando melancolicamente Newcastles, retirando os rótulos para escrever atrás a hora e o local. Admirava a minha casquinha de ferida, coçava, levantava os cantos até que ela enfim estivesse pronta para ser libertada, flutuando nas águas mornas do Pacífico.

# SHUT 'EM DOWN

U ARE INVOLVED IN PROJECTS OR COALITIONS
RTING FOLKS ON THE INSIDE, HELPING YOUNG
E STAY OUT, OR STRUGGLING TO CREATE AN
AUL OF THE WHOLE CRIMINAL INJUSTICE SYS-
– COME TEACH OTHER FOLKS HOW THEY
D BE DOING IT TOO. CONTACT US NOW TO
UP A WORKSHOP OR SPEAK ON A PANEL.

**RTICIPATION IS FREE!**

CRITICA
RESISTAN

PO BOX 339 BERKELEY, C
(510)643-2094 (510) 84

WWW.IGC.ORG/JUSTICE/CR
CRITRESIST@AOL.COM

lanet
rock
DON'T STO
MASSIVE
SATURDAY JULY 18th 1998

Havia uma lenda urbana sobre um estudante de engenharia de Berkeley que andava tão chateado por ter reprovado num teste de informática que, quando foi abordado por um assaltante com uma faca, simplesmente pegou a arma, jogou-a no mato e continuou andando. Estou tendo um dia ruim, ele teria dito.

Nos quatro anos em que estudou em Berkeley, Sean teve seu dinheiro roubado duas vezes, se bem que a segunda vez foi causada pela própria ingenuidade, quando tentou comprar um *notebook* novinho das mãos de um estranho numa van. O homem mostrou a caixa pelo vidro da janela. Duzentos dólares. Foram juntos até o caixa eletrônico. Mas, quando Sean suspeitou do negócio e tentou recuperar o dinheiro à força, o homem mordeu-lhe o braço, pulou na van e fugiu. Custamos a acreditar que Sean, que tinha sido criado em Nova York, ou melhor, em Nova Jersey, pudesse ser tão tolo.

Levaram minha carteira meses antes da festa de Ken, na mesma rua do Rapa-Nui. Não soube o que fazer depois que entreguei minhas coisas. Fiquei parado enquanto quatro adolescentes examinavam minha carteira: nenhum dinheiro, um cartão da Blockbuster, um cartão de crédito falso com o coelhinho da Playboy, que viera com a carteira, uma ficha de arquivo rosa (com ideias para minhas *zines*), uma foto dobrada da Björk. Comecei a correr para casa e escutei o chuá-chuá de uma parca da North Face atrás de mim. Virei-me e percebi que um dos garotos me perseguia. Queria devolver minha carteira; ficaram com pena de mim.

Nada disso fazia Berkeley parecer perigosa, apenas conectada a um mundo que era maior e mais complicado do que os bairros residenciais monótonos de onde a maioria de nós tinha vindo. Não fazíamos faculdade numa bolha. Universitários sempre parecerão presas fáceis para os ladrões profissionais, e, para a maioria dos alunos, isso significava, no máximo, ter sua bicicleta roubada. O assassinato de Ken foi uma aberração. Fugia completamente do espectro de crimes banais aos quais o resto de nós estava sujeito. O *campus* não presenciara nada parecido com isso desde o episódio com reféns em 1990, no Henry's, um bar da avenida Durant, ou o misterioso esfaqueamento de um estudante em 1992, no Eshleman Fall, o edifício onde ficavam o grêmio estudantil e os clubes universitários.

O perigo cotidiano de lugares como Berkeley não era uma tragédia dessa magnitude. Acontecia que a faculdade estava tão próxima de suas cercanias que não haveria uma divisão entre as duas coisas, e você teria contato com versões feias e bizarras da vida adulta. O conhecimento nem sempre libertava ou iluminava o caminho. Às vezes, podia ser uma espécie de jaula.

Adultos esquisitões estavam sempre vagando na praça principal de Berkeley – as vítimas bronzeadas de viagens com ácido, os devotos de causas e teorias conspiratórias que seriam consideradas extremas em ambientes menos liberais. Alguns deles nem usavam roupas; outros pareciam permanentemente bem-vestidos, com casacos pesados e pôsteres que detalhavam a conexão entre Bill Clinton, a CIA e o Dalai Lama. Vez ou outra, eu via na rua Dwight um homem de meia-idade estranhamente amigável que se vestia dos pés à cabeça com paramentos nazistas. O fastio de sua indumentária sublinhava sua bizarrice. Você jamais pensaria que um futuro cheio de possibilidades pudesse acabar nos recessos mais obscuros da mente. O mundo parecia tão simples para eles, mesmo que fosse uma entidade invencível, uma história repetida exaustivamente até ser dominada. Talvez por esse motivo o mundo lhes parecesse tão simples, por causa de sua devoção a causas que estavam perdidas para sempre.

Um homem alarmantemente musculoso com roupas cáqui patrulhava os degraus de Sproul Plaza nos finais de tarde. Marchava de lá para cá, discursando para o vento; de longe até parecia estar vendendo suplementos de ginástica. Mas, quando seus pôsteres caseiros ficavam visíveis, você percebia que estavam cheios de imagens horrorosas de fetos abortados. Ele parecia profundamente infeliz, mais determinado a provocar do que a persuadir. Era um pouco engraçado tentar imaginar os monólogos internos de um fisiculturista tão fanático pelo argumento pró-vida. Os alunos tentavam conversar com ele, tentavam desestabilizá-lo, cutucá-lo, para ver se havia alguma coisa em sua cabeça. Mas naquele dia não queríamos ser lembrados de assuntos que envolvessem vida, morte e o além. *Dois de setembro de 1998. Primeiro dia, por volta da hora do almoço, estávamos sentados no Sproul, escutando aqueles babacas religiosos que diziam que iríamos para o Inferno. Gwen começou a gritar. Foi difícil.*

Naquele outono, a faculdade fez uma lista dos amigos de Ken e nos mandou *e-mails* oferecendo aconselhamento para o luto. Terapia parecia ser algo exótico e caro demais para mim. Eu não estava deprimido, uma condição que eu associava a um estado contínuo de tédio. Eu não queria morrer, embora estivesse cada vez mais curioso a respeito de como isso funcionava. *Como seria o outro lado?* Eu não estava catatônico nem nada assim. Estava ocupado, frenético, varando as madrugadas para ler e escrever.

Até onde sei, nenhum de nós aceitou a oferta da faculdade. Pelo menos, ninguém falou sobre isso. Entre nós, tornou-se cada vez mais comum simplesmente não tocarmos no assunto. Paraag notou que, até julho, aquele foi um ano razoavelmente bom para alguns de nós. Melhor seria que cada um encontrasse a própria maneira de seguir em frente. Eu contava tudo para meus colegas de *cross-country* no Instant Messenger, depois ignorava os telefonemas deles. Procurava novas rotinas, uma forma de reiniciar meu contexto. Meus pensamentos sempre se voltavam para aquela noite, e isso fazia com que eu me sentisse deslocado perante meus amigos mais próximos, que se esforçavam para retomar um pouco do ritmo de suas vidas.

Eu costumava atravessar o corredor para assistir aos jogos de beisebol no apartamento de Paraag e Sean só porque eles tinham

TV a cabo; aquele foi o ano em que Mark McGwire e Sammy Sosa travaram uma disputa histórica para quebrar o recorde de Roger Maris de maior número de *home runs* numa única temporada. Eu esperava McGwire ou Sosa rebaterem, depois saía de fininho para o corredor. Vez ou outra, eu acompanhava Henry nas "terças em dobro", que era uma promoção de cervejas baratas que consistia basicamente numa festa de fraternidade em local neutro. Nessas noites, um homem de meia-idade costumava estar presente, vestido de maneira respeitável, com *blazer* e calça cáqui. Ele começava bebendo pensativamente e terminava pagando uma rodada para os garotos da fraternidade, inserindo-se nos dias de glória alheios. Eu sempre viajava olhando para ele, imaginando em que ano ele teria acabado a faculdade, se estaria lá todas as noites ou apenas nas terças-feiras, que graça veria em se juntar a um bando de estudantes desleixados. Ele era como um emissário de uma linha do tempo alternativa. Seríamos como ele no futuro? Inevitavelmente, meus pensamentos se voltavam para a festa de Ken, para o fato de o bar ficar a poucos quarteirões de sua fraternidade, para todas as vezes que usáramos a praça de alimentação do outro lado da rua, para a tentativa de esmagar as janelas da fraternidade rival, que ficava na esquina. Quando meus amigos começavam a beber suas cervejas, eu claramente estaria em outro lugar. O retorno deles para uma vida normal parecia fácil. Eu me sentia deixado para trás e queria exibir minha tristeza. Mas também temia que eles me julgassem, achando que escolhi ficar para trás por pura teimosia.

Escrevi a Ken sobre as coisas que ele estava perdendo: os filmes, os novos recrutas do time de basquete da Cal, minha aula de teoria política, que ele teria amado. O professor era um homem magrinho e bronzeado chamado Michael Rogin. Eu o tinha como exemplo do que seria morar em Nova York, caminhando nervosamente de um lado para o outro, rascunhando freneticamente um novo cosmo no quadro de giz, pó para todo lado, explicando apaixonadamente a relevância de Nathaniel Hawthorne e Herman Melville para a noção de americanidade. Antes, essas figuras não tinham importância para mim – uns homens brancos mortos. Mas não eram só isso. Havia toda uma cadeia de interpretações, de reinterpretações, de erros de interpretação – por parte de leitores enfeitiçados pela fé, leitores que odiavam os clássicos que eram obrigados a ler, leitores que passavam um pente-fino no passado à procura de vislumbres do futuro.

As aulas de Rogin eram diferentes de todas as outras que eu cursara no Departamento de Ciências Políticas. Para início de conversa, ele reconhecia que a história americana era resultado da conquista e da dominação. Ele mostrou as correntes reprimidas de culpa e de tristeza que corriam por baixo do cânone literário do país. Tudo estava nas entrelinhas. Nossa nação era assombrada por fantasmas. Depois das primeiras aulas, invadi seu escritório e o convenci a orientar meu TCC, embora eu ainda não tivesse um tema.

Às vezes, Rogin deixava escapar pistas sobre seu passado. Contava-nos que se sentava ao lado dos Rockefeller na faculdade – na época em que Harvard organizava os assentos por ordem alfabética – e que seus colegas menosprezavam sua presença por ser um judeu de classe média. Eu ansiava por esses lampejos. Queria entender como ele se tornara um homem. Comecei a assinar *The Nation* quando soube que era sua revista favorita e fui ao Moe's para comprar todos os livros que ele escrevera a respeito de Melville, *blackface*, Ronald Reagan. Eu ia a sua sala toda semana para papaguear o que ele disse em sala e para memorizar os livros de sua mesa. Quis contar-lhe tudo, mas imaginei que ele não se importaria.

Depois de dois meses ele se cansou dessas visitas em que eu cuspia um monte de ideias para o TCC. "Você vem aqui toda semana", ele disse, "e você só quer falar." Senti-me envergonhado; ele claramente me via como um bajulador, não como alguém que tinha ideias merecedoras de atenção. Mas ele estava certo. "Volte depois que tiver escrito alguma coisa."

Havia tantas coisas que eu queria contar para Ken. Meu diário tinha a minha metade da continuação de nossas conversas: meu vai não vai com Mira, como estavam Alec e Gwen, o fato de eu passar tempo com Charles, seu irmãozinho de fraternidade, e escolher os Padres para jogar com ele no *video game*. Não havia espaço para Wally Joyner, mas Quilvio Veras se tornara um decente rebatedor de largada. Os Padres da vida real também jogaram bem naquele ano. Contei-lhe sobre *Matrix*, que era o tipo de filme que teríamos assistido logo na estreia, para depois vararmos a madrugada fumando, fazendo análises, traçando paralelos com nossas aulas de retórica. *Viu aquela referência a Baudrillard na primeira cena?* O filme falava sobre desaprender sua relação com o mundo. O que considerávamos a vida real não passava de um estado permanente de sonho, no qual nossos corpos serviam de alimento para máquinas incompreensíveis. Lembro-me de questionar se, confrontado com uma escolha, eu teria optado pela realidade ou pela doce ignorância dos sonhos.

Eu queria impor uma estrutura a tudo que tivesse ocorrido antes daquela noite de julho, transformando o passado numa coisa arquitetônica, um palácio de memórias onde pudéssemos perambular à vontade. Sammi nos descreveu como "pilhadores numa cidade em chamas"; roubei a expressão para usá-la depois. A consciência era como uma cidade; e você precisava escavá-la à procura de preciosas lembranças que remetessem a dias melhores. Ou talvez a memória fosse mais como o fogo do que como uma cidade. Incontrolável, volátil e destrutiva.

A escrita oferecia uma maneira de viver fora do presente, evitando suas texturas e sua lentidão, convertendo o presente em linguagem, pensando na linguagem em vez de estar efetivamente presente. Quando você é estudante, o tempo é medido em claros incrementos – o ritmo do semestre, as férias de verão, que se tornam menos despreocupadas e mais disciplinadas a cada ano. A expectativa é o que carrega você ao longo dos dias – o iminente lançamento de um álbum muito falado, o *trailer* de um filme que você quer ver no mês seguinte. Você anseia pelo futuro, ainda que não possa imaginar uma vida para além daquela manhã.

Vez ou outra, eu me sentia envergonhado por antecipação quanto às minhas histerias privadas. *Acho que o mais deprimente para quem escreve um diário é pensar, ou saber, que um dia em algum lugar você vai ler o que escreveu. Vai querer reviver momentos, mas será surpreendido não pelas emoções reconquistadas e sim por quão profundo você quis parecer em determinado ponto do passado.*

Às vezes, de tarde, eu retornava para a sala de bate-papo da AOL onde Ken, Ben, Sean e eu tirávamos sarro dos direitistas. Mas era estranho usar a internet de dia. A lista de contatos que mantínhamos para essa finalidade ficava praticamente vazia; pessoas como o "$enhor_da_Verd@de" não ficavam de bobeira em horário comercial. Sem a multidão para incitar as brigas, a temperatura das salas ficava muito mais amena. Eu conversava com a única pessoa que eu encontrava logada, uma mulher de meia-idade do Meio-Oeste que nunca percebeu que estávamos debochando de sua tenra fé no livre mercado. Com poucos amigos presentes, ela só queria falar de coisas normais, dos nossos costumes diários, e não do sistema de saúde pública. Eram pessoas que se sentiam sozinhas, em busca de companheiros de equipe que quisessem ser amigos.

De noite, eu me refugiava no apartamento de Mira. Ficávamos sentados em silêncio, às vezes na escuridão, comendo *pizza*, nossos rostos iluminados apenas pela TV. Eu me agitava toda vez que ela descolava ingressos para um *show* ou um filme, pronto para explicar por que essas atividades não seriam consideradas legais. Eu ficava ressentido quando as coisas não saíam como eu queria, o que não fazia o menor sentido, porque eu nunca queria fazer nada.

Nossas vidas estavam de tal maneira interligadas que estávamos sempre juntos, o que era reconfortante para mim, por mais que me faltasse a fineza de dizer isso para ela. O trabalho nos dava assunto para conversar. Éramos editores do *Hardboiled*, o jornal ásio-americano da faculdade. Na nossa primeira reunião daquele ano, a equipe editorial compartilhou ideias para as matérias seguintes – uma retrospectiva do movimento Yellow Power, como viviam as crianças de etnia *hmong* e *mien* da região leste da Baía, o trabalho análogo à escravidão nas ilhas do Pacífico, os *DJs* do *campus*, o enigma dos conservadores ásio-americanos, a política subversiva dos Acuras rebaixados e dos Integras modificados, as corridas de rua. Uma das editoras mais jovens mencionou que um estudante nipo-americano foi assassinado no verão. "Talvez possamos investigar", ela continuou, "para ver se não foi crime de ódio?" *Claro que não foi crime de ódio*, eu disse. "Como podemos ter certeza..." Eu a interrompi. *Não foi... Foi só uma loucura que aconteceu.*

Presumi que Ken tivesse sido atacado por ser universitário, e não por ser asiático. Talvez os criminosos enxergassem essas identidades como permutáveis por serem inofensivas, seria isso? Mas o que me aborreceu de verdade foi que minha colega tivesse tentado encaixar a morte de Ken num contexto mais amplo – um contexto que eu não entendia nem podia controlar. Eu não queria ter de entregá-lo a uma causa maior.

Em outubro, Paraag, Sean e eu estávamos assistindo ao primeiro jogo da World Series na casa deles. Os Yankees representavam a American League. Os San Diego Padres, que, na temporada anterior, terminaram em último lugar, venceram facilmente a National League daquele ano, alcançando sua primeira World Series desde 1984. Eu me perguntei se ainda tinha aquele artigo de Ken sobre Wally Joyner e os encantos dos seus Padres azarões, que ele escrevera para minha *zine* e que não publiquei por ser um idiota.

De repente, parecia que toda minha fé nos poderes superiores dependia do resultado daqueles jogos. Poucos fora do círculo de fanáticos torciam pelos Padres de Ken. O primeiro jogo ocorreu no Bronx, e os Padres estavam vencendo por 5 a 2, já no final da sétima rodada. Ken estava certo desde o início. Eles tinham montado um time de qualidade sem estardalhaço e finalmente estavam jogando bem.

Os Yankees reagiram na sétima rodada e acabaram empatando em 5 a 5. Com duas bases ocupadas e dois rebatedores eliminados, Tino Martinez se apresentou para decidir. Mark Langston, dos Padres, arremessou bem no meio. *Bola!* Os *replays* foram cristalinos. O árbitro errara feio.

A televisão de Paraag ficou subitamente grande demais, assustadora demais. A câmera correu para o banco de reservas dos Padres, todos incrédulos, depois para os Yankees e seus torcedores majestosos, fazendo pouco dos rivais, o arco da história sugerindo que tudo estava predestinado. Odiei cada um daqueles fãs. Queria que sofressem.

Paraag guardava uma garrafa de Zima na estante de livros, um santuário construído ao redor da última bebida que ele e Ken nunca tiveram a chance de compartilhar. Olhei para a garrafa. Era como um talismã, até que deixou de sê-lo. Martinez rebateu a bola para a parte alta da arquibancada. Um *grand slam*.

Contemplei a ideia de que a providência ainda seria real, se bem que caprichosa – que talvez fosse a vez de outro fantasma experimentar a vitória. Os Padres nunca se recuperaram; podíamos sentir naquele momento a inevitabilidade de uma vitória dos Yankees na World Series. Talvez não houvesse justiça, apenas aleatoriedade, e tudo que eu revestira de significado – as moscas, as canções certas que tocavam em horas inusitadas – fosse apenas uma coincidência.

Antes, em julho, dias após a morte de Ken, um técnico assistente do time de futebol americano da nossa faculdade morreu em um acidente bizarro. Ele estava acampando com um amigo quando o tempo fechou e começou uma tempestade. O técnico foi atingido por um raio. Enquanto o amigo tentava ressuscitá-lo, ele foi atingido novamente por outro raio. Isso fez nosso mundo parecer fechado e assustador, o fato de essas tragédias anormais terem acontecido num espaço de tempo tão curto que foram noticiadas em páginas contíguas do *The Daily Cal*.

Os assassinos de Ken foram presos rapidamente. Os investigadores conseguiram identificá-los quando seguiram o rastro de saques em caixas eletrônicos e os gastos com cartões de crédito espalhados por Berkeley, Oakland e Richmond. Os criminosos alegaram ter escolhido a vítima aleatoriamente, para ser roubada. Quando procurado para comentar o caso, o pai de Ken disse aos repórteres que considerava seu filho "um herói. Digo isso porque ele entregou sua vida, e não a de outra pessoa, talvez até inconscientemente".

E se eu tivesse ficado na festa? Uma pergunta que eu repisava em minha mente. Será que teria feito diferença ou tudo isso já estava fadado a acontecer?

Nunca parei para pensar por que eles fizeram isso. Estava além da minha compreensão. Um dia, uma estrela do nosso time de basquete da escola estava atravessando a quadra quando viu uma manifestação no *campus* em prol dos estudos étnicos. Um repórter do *The Daily Cal* notou sua presença e foi perguntar sua opinião sobre o assunto. O jogador de basquete não sabia o motivo da manifestação, mas disse que se solidarizava com a luta. "Às vezes, é uma loucura como as coisas são", ele disse vagamente, e isso se tornou uma visão de mundo que escrevi repetidas vezes no meu diário. Era simples assim. Às vezes, é uma loucura como as coisas são.

A culpa parecia fazer parte de uma espécie de costume do mundo adulto. Mesmo assim, lembro-me de gravitar ao redor das notícias mais horrorosas nos jornais daquele ano. Eu queria encontrar o que havia de pior na humanidade, queria entender a crueldade e o luto em escalas maiores. No começo do verão, um homem afro-americano de 49 anos chamado James Byrd Jr. estava voltando a pé de um jantar em Jasper, uma cidadezinha no leste do Texas. Três homens numa picape pararam ao lado dele. Ele conhecia o motorista, um jovem branco chamado Shawn Berry, que lhe ofereceu uma carona para casa. Byrd não conhecia os outros dois.

Berry levou todos para uma floresta, onde seus amigos John William King e Lawrence Brewer espancaram Byrd, picharam seu rosto e o amarraram à traseira da picape. Segundo o relatório da autópsia, Byrd permaneceu consciente enquanto o arrastavam por uma plantação. Morreu momentos depois. Eles largaram o corpo na frente de uma igreja e foram para um churrasco. Todos os três foram presos em questão de dias. King e Brewer estavam envolvidos em grupos de supremacistas brancos, mas as pessoas se perguntavam por que Berry participara daquilo. Ele parecia ser um rapaz correto, com emprego fixo no cinema local. Depois, os cidadãos de Jasper disseram que isso foi uma surpresa para todos.

Naquele outono, uma das maiores controvérsias do *campus* dizia respeito a David Cash Jr., um estudante de Berkeley que testemunhou seu amigo, Jeremy Strohmeyer, abusar sexualmente de Sherrice Iverson, uma menina afro-americana de 7 anos de idade, em 1997, quando todos ainda estavam na escola. Cash e Strohmeyer visitavam um cassino em Nevada quando Strohmeyer seguiu Iverson até o banheiro. Cash teria entrado no banheiro e visto Strohmeyer molestar a menina. Ele disse que pediu a Strohmeyer para parar, mas desistiu quando as coisas ficaram mais violentas. Strohmeyer estrangulou Iverson até a morte e largou seu corpo no banheiro.

Strohmeyer foi condenado, mas nenhuma denúncia foi oferecida contra Cash. Pela letra da lei, ele não podia ser considerado cúmplice de assassinato; ele era apenas um "mau samaritano". Foi assim que ele passou a ser conhecido por todos em Berkeley. A faculdade não tinha poder para revogar sua admissão, apesar dos protestos e das petições em todo o *campus* que pediam sua expulsão. O que perturbava seus colegas não era só o fato de ele não ter feito nada. Era sua indiferença quanto ao caso. Cash afirmou que não sentia nenhum remorso pelo que acontecera. Na verdade, foi publicada uma citação sua que dizia que ele esperava ficar rico vendendo a história para a imprensa. Como ele poderia se sentir mal por causa de alguém que ele não conhecia – quer fosse Iverson, quer fossem, como ele mesmo colocou, "as pessoas do Panamá ou da África"? Uma repórter do *60 Minute*s perguntou a Cash se ele tinha arrependimentos quanto àquela noite. "Não acho que eu poderia ter agido diferente", ele disse.

Em outubro de 1998, um estudante de 21 anos chamado Matthew Shepard foi brutalmente assassinado por dois homens que encontrou num bar em Laramie, Wyoming. Eles se ofereceram para levá-lo em casa, mas, em vez disso, dirigiram-se a um campo vazio onde ele foi amarrado à cerca de arame farpado e torturado. Quando a polícia chegou, Shepard estava vivo, porém em coma. Seu rosto estava coberto de sangue, exceto pelo rastro de lágrimas debaixo de seus olhos. Os assassinos foram presos horas depois, tendo-se envolvido numa briga com outros dois homens. Eles negaram que o ataque a Shepard tivesse qualquer ligação com sua sexualidade, embora, mais tarde, um dos assassinos tenha tentado invocar a defesa do "pânico de *gays*", alegando que sua raiva descontrolada seria consequência de abusos sofridos em criança e também da própria homossexualidade latente.

Li com atenção cada uma dessas tragédias, mas elas não me elucidaram o que seria a escuridão. Eu pensava nos pequenos momentos antes de tudo acontecer – como estaria o céu pouco antes da sucessão de relâmpagos, o alívio que Byrd teria sentido quando lhe ofereceram uma carona, o cheiro enfumaçado que os cassinos exalam às 4 da manhã. Inevitavelmente, eu também pensava nos últimos minutos de Ken. Como teria sido ficar trancado no próprio porta-malas. Ele estaria triste por deixar tantas pessoas para trás ou estaria focado em fugir? Entender como esses momentos poderiam ser transformados em narrativa após os fatos, fosse na mente dos criminosos, fosse nas declarações dos advogados e dos jornalistas, era algo impossível.

Eu consultava essas histórias como lições – versões de benevolência, ou o oposto. Eu estudava as reações de pais e amigos, alguns condolentes, outros desejosos de um tipo mais vingativo de justiça. Dois anos mais tarde, a controvérsia causada pela inércia de Cash resultou numa nova lei que obrigava os cidadãos de Nevada a contatar as autoridades caso testemunhassem abusos contra menores. Isso se tornou um cenário apresentado nas aulas de filosofia para gerar debates sobre as obrigações éticas e legais que temos uns com os outros, como cidadãos do mundo. Mas, naquela época, era só uma questão hipotética do que você faria se encontrasse Cash no *campus*. A defesa que ele fazia da própria inocência era sugestiva de profundezas inimagináveis de perversidade.

Propus como tema para meu TCC as representações raciais nos filmes. Os primórdios do espetáculo cinematográfico, como dizia o professor Rogin, constituíam uma história de fantasia racial, desde *Nascimento de uma nação* até *O cantor de jazz* e *E o vento levou*. Durante a maior parte da história americana, a hierarquia que determinava o privilégio dos brancos sobre os demais esteve codificada em lei. E, embora o fim da segregação racial tenha trazido oportunidades para muitas pessoas, a lógica da supremacia branca permaneceu, manifestando-se de maneira furtiva, quase invisível. Ainda havia momentos de terror racial. Mas, no mundo que surgiu após a luta pelos direitos humanos – com seu mantra de daltonismo racial –, o racismo deixou de ser visto como uma realidade institucional. Essa era a ficção mais ampla a que todas as outras serviam.

Passei muito tempo transitando entre meu apartamento e a Blockbuster da esquina. Eu não estava alugando filmes para assistir, eu explicaria a qualquer um que me perguntasse sobre o TCC: estava explorando a imaginação cinematográfica. Estava analisando as *narrativas*, não as histórias. Eu vivia naquele modo de caça às entrelinhas que Ken e eu tínhamos aperfeiçoado, só que agora eu fazia isso em plena luz do dia, como uma atividade acadêmica legítima, e não de noite.

Eu buscava um estado de constante ocupação. Em setembro, Berkeley sediou uma conferência internacional sobre o complexo industrial-prisional, um conceito ainda desconhecido para muitos de nós. Angela Davis estava entre os organizadores do evento. Centenas de ativistas, acadêmicos e artistas viriam para o *campus* para explorar a relação entre o *boom* da construção de prisões, a militarização da polícia e a criminalização de comunidades negras e latinas. Eu me voluntariei para espalhar panfletos pela cidade.

Na manhã da conferência, um dos voluntários lamentou que Tupac não estivesse entre nós, porque ele certamente teria marcado presença num evento como aquele. Pensei o mesmo de Ken, que sempre comparecia às minhas mesas. Registrei os visitantes e conduzi os palestrantes às suas respectivas salas. Em determinado momento, vi-me numa sala para esquerdistas ásio-americanos que discutiam nosso papel nessa luta. Alguém começou a criticar uma ideologia chamada "neoliberalismo", o que me deixou confuso porque eu não sabia o que isso queria dizer. Imaginei que se tratasse de uma versão melhor e mais nova do liberalismo, o que não parecia ser tão ruim assim. Folhetos foram passados de mão em mão detalhando a luta de prisioneiros ásio-americanos como Jay Siripongs, Yu Kikumura e David Wong. Passei a escrever cartas para eles, perguntando se poderia entrevistá-los para minhas *zines*.

Em novembro, vi o panfleto de um programa de ensino para detentos na Prisão Estadual de San Quentin. Eu não era um bom professor de adolescentes; talvez fosse melhor com adultos. Mira e eu fomos a uma reunião informativa, puxaram nossa ficha e, quando percebemos, estávamos indo de carona para o complexo prisional, que ficava a cerca de dez minutos de distância do Richmond Youth Project, só que do outro lado da baía. Nosso relacionamento estagnara. "Vamos aproveitar ao máximo o tempo que tivermos juntos", ela disse naquele inverno.

Quase de mês em mês, eu levava a Rogin um ensaio de dez páginas com análises das alegorias narrativas da imaginação cinematográfica americana. Ele me aconselhou a escolher qualquer departamento para minha pós-graduação, exceto o de ciências políticas. Sugeriu a Universidade de Nova York, e ela se tornou meu sonho. Eu sempre falava que queria ir para Nova York, onde minha vida finalmente começaria outra vez. Mira ficou feliz por mim e nunca questionou o que isso significaria para ela.

Na prisão de San Quentin, havia apenas três regras. Os guardas revistavam nossas bolsas na entrada e na saída, de modo que só podíamos levar livros autorizados e folhas de papel. Estávamos proibidos de vestir roupas azuis. Se fizéssemos isso por engano, seríamos obrigados a vestir macacões brancos entregues pelos guardas. Todos os detentos usavam azul, e os guardas que ficavam na torre precisavam conseguir diferenciá-los de nós, para o caso de uma emergência. Por fim, não podíamos de modo algum correr no pátio. Isso também era por causa dos guardas da torre. Fora isso, podíamos apertar as mãos dos alunos, falar com eles sobre o mundo de fora, sentar perto o bastante para ver seus dentes lascados, suas marcas de catapora, os pedaços que faltavam na barba. Podíamos nos inclinar e cochichar sobre sonhos e pesadelos.

Nós nos reuníamos com eles à noite. Fiquei encarregado de Lefty e Sean, que cursavam política americana. Lefty tinha a fala mansa e um bigode cuidadosamente penteado. Parecia excessivamente gentil. "Só tenho uma pergunta", ele disse uma vez. "Como estão as *pizzas* agora?" Nós, como sociedade, tínhamos desenvolvido novas coberturas, novos formatos? Ele pasmou quando lhe expliquei o conceito das bordas recheadas, mas ficou indignado com a ideia das "*pizzas* de sobremesa". Sean era escandaloso, de ombros largos. Os óculos de armação dourada pareciam fazer parte de um disfarce. Ele se dizia membro de uma facção criminosa famosa nas imediações de Boston, mas eu não a conhecia. Se algum dia eu andasse por lá, ele dizia, eu deveria avisá-lo. Ele tinha ótimas recomendações de restaurantes.

Nossa sala de aula tinha uma lousa, carteiras móveis, um computador e prateleiras cheias de livros de referência. Comecei a trabalhar com um porto-riquenho chamado Jimmy que parecia permanentemente atordoado. Ele sentia falta da filhinha e preferiria estar em qualquer outro lugar, menos ali.

Jimmy costumava falar de sua infância em Los Angeles, nos anos 1970. Certa vez, ele era adolescente e entrou à socapa num estúdio musical em Hollywood. Encontrou Stevie Wonder, que estava gravando *Songs in the key of life*. A memória – destravada por um comentário que eu fiz a respeito das lojas de discos – levou-o para longe. Jimmy sugeriu que eu procurasse aquele álbum. Muitas coisas seriam esclarecidas depois disso. Mas eu não estava preparado para canções bonitas. *Acho que a ideia de harmonia não me parece correta*, escrevi para Ken, recontando o que Jimmy disse. *A simetria e a beleza machucam demais nos dias de hoje.*

Depois, comecei a trabalhar com Viet Mike – o apelido servia para distingui-lo do outro Mike, que era negro – e Eddy. Eddy era sino-americano. Mas não saberia dizer se ele tinha minha idade ou se era dez anos mais velho. Ele tinha maçãs do rosto bem definidas, um olhar de polígrafo e o corpo atarracado de quem fazia muitas flexões em seu tempo livre. Era silencioso e educado.

Ninguém contou o que tinha feito para estar ali e nós jamais deveríamos perguntar. Eddy me confidenciou apenas que estava arrependido e que pretendia trabalhar duro para pagar sua dívida. Quando sua família chegou da China, seu pai foi trabalhar num Burger King. "Ele só precisava saber três palavras", Eddy disse. "Alface, queijo, maionese." Eddy estava ocupado correndo as ruas com os amigos, vivenciando suas fantasias de gângster à maneira de um Chow-Yun Fat. Naquela noite, escrevi para Ken algo que Eddy compartilhara comigo: *Ele nunca disse ao pai que o amava, só depois de San Quentin, e também nunca tinha escutado dele essas palavras. Só depois de ir para a cadeia foi que ele percebeu (e nesse momento passou a falar em chinês) que poderia morrer a qualquer momento.*

Você nunca conseguia prever como seriam as noites em San Quentin. Às vezes, éramos mandados de volta logo que chegávamos; os detentos estariam confinado e as aulas teriam de ser suspensas. Outras vezes, íamos às reuniões, mas demoraria alguns minutos até que os alunos conseguissem se ajustar à nossa presença, por causa de alguma coisa que acontecera com eles durante o jantar; e vocês só conseguiriam falar de amenidades. Situações constrangedoras nos lembrariam do contexto de nossos encontros. Eles seriam tão maus quanto os crimes hediondos que cometeram? Uma leitura sobre instituições políticas poderia transbordar numa estranha reminiscência sobre o passado. "Eu estudava arquitetura no período da noite", um dos alunos me contou. "Eu adorava ficar doidão. Tomava metanfetamina para ficar de boa, sentado, olhando pros edifícios. O ônibus é o mundo da gente. As janelas, o mijo, o vômito, como tratamos mal as coisas que existem para nos ajudar."

Ao fim de cada noite, nós nos reuníamos no pátio para nos despedir. Aquilo me trazia paz. Os uniformes azul-escuros dos alunos se dissolviam na escuridão. Eu falava com Eddy em chinês, e ele me respondia em inglês. Tudo bem fazer isso durante as aulas, ele sussurrou uma vez, mas lá fora os guardas ficariam incomodados se usássemos um idioma que eles não conheciam.

Eu me sentia seguro; eu não me sentia assim fazia muito tempo. Eu olhava para o céu e pensava em como ele estaria mais tarde, visto da varanda, enquanto eu estivesse fumando. *Eu temia*, escrevi para Ken, não estar mais sentindo um *progresso linear*. O único progresso que eu percebia, continuei, *era o que ocorria no papel, nas palavras, nas frases acumuladas*, à medida que os parágrafos se tornavam páginas. *Talvez um dia acabe o espaço no disco rígido.*

Em dezembro, chegou aquela época do ano em que realizávamos o Amigo-Secreto de Feriado de Inverno Não Religioso. Combinamos de fazer uma vaquinha e enviar um presente para a família de Ken pelo correio. Um *cheesecake* bem chique – a sobremesa favorita dele.

Mira foi passar as festas em Los Angeles. Ela achava que nosso relacionamento não estava dando certo. Disse que não se sentia feliz. Pedi um tempo para que pudéssemos refletir e considerar todos os altos e baixos que tínhamos vivido juntos. Será que eu fui feliz com ela? Eu não saberia dizer. Prometemos um ao outro que faríamos um esforço maior quando voltássemos das férias, dali a algumas semanas.

Ele teria completado 21 anos naquela véspera de Natal. Ken costumava reclamar que seu aniversário não parecia especial porque todos já estavam festejando. Voltei a Cupertino para as férias de inverno. Fui de carro até o parque que ficava perto de casa, depois dei um pulo na Safeway para comprar meia dúzia de Newcastle Brown Ales e ingredientes para assar um bolo de aniversário.

Tive um sonho com Ken. Quando isso acontecia, era sempre tão rápido que me fazia acordar chorando. Mas, dessa vez, sonhei por mais tempo. *Mudei tanto desde... ou melhor, por causa...*, comecei a dizer. Mas ele me interrompeu e ficou sorrindo. Eu sei, ele respondeu. Até me fez admitir que eu comprei um CD do Pearl Jam na sua ausência. Acordei sorrindo.

* * *

Uma vez, contei a Eddy sobre Ken. Nunca me ocorreu, não num nível consciente, que eu estava procurando alguma coisa em San Quentin – que os assassinos poderiam estar lá dentro. Eddy escutou com atenção e balançou a cabeça. Era uma pena. Ele me garantiu que, no geral, tanto ele quanto os outros detentos do programa de ensino estavam arrependidos. Mas isso não se aplicava a todos.

Quanto mais descobríamos a respeito da noite em que Ken morreu, mais aleatória e improvável ela nos parecia. Seus assassinos deixaram um rastro de pistas óbvias, e esse desleixo parecia ser cruel. Se tínhamos mesmo de perdê-lo, que fosse pelas mãos de gênios do crime, alguém que merecesse toda a força do nosso ódio.

O julgamento aconteceu em abril. Os pais de Ken vieram de San Diego. Eu fui com Alex, Sammi, Gwen e outros amigos. Quando entramos no fórum, Alec foi direcionado para a porta errada e ficou a poucos metros de um dos assassinos de Ken. Ele reprisaria essa cena nos anos vindouros, tecendo fantasias malucas sobre diferentes maneiras de se vingar. Entramos em fila na sala de audiências e nos sentamos no fundo. Os réus pareciam vazios e secos quando foram trazidos. O homem era baixo, com um penteado afro malcuidado; ficou olhando para o nada. Sua namorada aparentava estar insone fazia semanas. Estavam vestidos com folgados uniformes cor de laranja. Parecia inacreditável que eles tivessem sido capazes de tirar uma vida. O homem que puxara o gatilho era mais baixo do que eu. O juiz leu a denúncia com uma monotonia burocrática. A audiência terminou em poucos minutos. O julgamento seria retomado dali a alguns meses. O jornal local informou que um familiar de um dos criminosos tentou pedir desculpas aos pais de Ken no estacionamento do edifício.

O julgamento ocorreu na mesma semana que o massacre de Columbine. Lembro-me de ler todo tipo de matéria que tentava explicar por que os assassinos de Columbine fizeram aquilo, refazendo seus passos, tentando estimar em que ponto tudo deu errado para eles. Seria culpa dos *video games*, de Hollywood, do *bullying* escolar? Mas eu não entendia por que eles deveriam receber o privilégio de uma narrativa. Eu estava mais interessado nos caminhos que foram interrompidos.

Um repórter visitou o conjunto residencial onde moravam os acusados de matar Ken. Nunca procurei saber deles. Só depois, lendo os jornais, é que descobri que eles tinham mais ou menos a nossa idade. Um 23 e o outro, 19. Alec e eu nos perguntávamos se eles seriam condenados à morte. Se eu ainda seria contrário à pena de morte. Eu me indagava em meu diário se a morte seria pior *do que saber que o mundo continuaria*.

Quando o repórter perguntou aos vizinhos sobre o casal, muitos deles exprimiram surpresa. O locador de sua unidade lembrou-se do jovem rapaz que curtia *rap* e frequentava a igreja aos domingos. Ele tinha planos de se matricular na escola técnica e mobilizava os vizinhos para evitar que "maus elementos" se mudassem para o edifício. "Todas as vezes que conversamos, ele sempre foi gentil e educado", o locador disse. "Eu realmente gostava dele."

Lembro-me de uma das últimas vezes que fui a San Quentin. Era primavera, poucas semanas depois de os Roots lançarem *Things Fall Apart*. Mira e eu estávamos juntos no carro, embora ela tivesse rompido comigo fazia pouco tempo. Ela se cansara da minha negatividade depressiva, do modo como eu a ignorava quando pensava num futuro em Nova York. Fiquei triste, ela tinha razão. Eu era uma sanguessuga; eu exigia conforto e estabilidade, mas não dava nada em troca. Não houve nenhuma traição dramática, só um relacionamento que se esgotou. Como estávamos comprometidos com os TCCs e o trabalho na prisão, tentamos continuar amigos.

Quando cruzamos a ponte, um raio de sol irrompeu das nuvens – a prisão ficou iridescente. Era o tipo de cena que eu vinha querendo enxergar fazia muito tempo, uma indicação de que a beleza ainda seria possível. Talvez aquilo não passasse de um padrão de deslocamento das nuvens. Mas eu vi alguma coisa.

Semanas antes, passei pela segurança de San Quentin com uma fita personalizada a fim de entregá-la a Mike (o negro), que prometeu compartilhá-la com os outros detentos. Public Enemy, Bad Brains, Sly and the Family Stone, composições turbulentas de Max Roach e Charles Mingus que eu descobri recentemente nos corredores de *jazz* da Amoeba. Mike veio dizer que escutou a fita. Abriu um sorriso. "Foi bem..." Pausou. "A música é bem *pesada*." Só então reparei no verde de seus olhos e na maciez sardenta de suas bochechas enquanto ele sorria.

Troquei endereços com os meus alunos. Um deles fez a gentileza de me presentear com uma bala de hortelã poupada do jantar. Disse que, graças a mim, voltou a se sentir gente. Eddy me passou um envelope com meu nome escrito em garranchos. Dentro dele, havia um bracelete com contas verdes e amarelas que ele fez para mim.

"É meio difícil com você longe." Era parte da letra de "I'll be missing you", uma canção de Puff Daddy, Faith Evans e 112, lançada em 1997, como tributo a Notorius B.I.G., que foi assassinado a tiros num cruzamento em Los Angeles, naquele mesmo ano. Eu costumava repetir essa frase. Puff era um avatar do brilho e da superficialidade, e a canção era piegas e sufocante. Mas era isso que me atraía nela. O estranho advérbio de intensidade "meio", o eufemismo contido em "longe". Os *raps* murmurados, que não chegavam a ser cantados. Puff, tão exagerado e extravagante, fazendo-se de carne e osso. Faith, que conhecia Biggie de um jeito que Puff não conhecia, tentando pairar acima de todos. Comecei a achar que a letra tinha sido feita para mim, embora, por motivos óbvios, isso não pudesse ser verdade. Eu só queria escutar canções como essa, e o mundo do *hip-hop* estava cheio de amigos que tramavam e conspiravam, que elogiavam e se complementavam, amigos conquistando juntos o mundo, carregando nas costas o peso uns dos outros.

"I'll be missing you" trazia uma série de questões e cenários que eu repisava em minha cabeça. Será que Puff realmente daria tudo para Biggie voltar, como dizia a canção? O que significava representar outra pessoa, levá-la consigo em suas aventuras? Será que, um dia, os falecidos seriam substituídos por suas respectivas personas inventadas nos discursos? Talvez ele só quisesse mantê-lo por perto até descobrir a melhor maneira de viver seu luto. Mantê-lo por perto, uma memória viva, até estar preparado para seguir em frente, sozinho. Não tanto ressuscitar o morto, mas cantarolar por cima de seu eco.

O professor Rogin ficou satisfeito com minha tese, talvez porque ela fosse uma tentativa de imitar seu estilo. As justaposições desenfreadas, o ritmo frenético, as fintas retóricas, as conclusões que condenavam ao fogo e ao enxofre. Ele me ensinou um jeito diferente de lidar com a cultura. Antes, eu não queria saber do passado remoto. Mas, agora, eu compreendia que era possível usar a história para atingir os próprios objetivos. Meu TCC era em essência uma coleção de longas resenhas que analisavam como a questão racial era tratada em filmes recentes, como: *Jogada decisiva*, *A hora do rush* e *Sinais de fumaça*. Embora a dominação racial permanecesse uma realidade inescapável, esses filmes ofereciam uma volta à imaginação, à força de vontade, à salvação dos amigos, à luta compartilhada. O TCC era tanto uma fuga quanto um tributo, uma maneira de estender uma série de conversas não acabadas. Tudo isso foi feito para que eu tivesse um motivo para escrever meus agradecimentos. Agradeci a Ken e, quando digitei seu nome completo, senti que ele voltou a ser real, lembro-me disso. Eu acreditava que *O IMBRÓGLIO de Barry Gordy* ainda viria a exemplificar muitos dos *insights* importantes da minha obra.

*Fiquei feliz de verdade hoje*, escrevi no diário naquela primavera. *Digo feliz por besteira, aquela vertigem leve, gostosa que sobrevém de um coração despreocupado*. O motivo da minha alegria foi uma jogada habilidosa num jogo de basquete da Cal. *Realmente espero que você esteja lendo isso. Não importa que você me veja como sou de verdade*, escrevi, confessando uma série de imperfeições e inseguranças. *Contanto que me veja.*

Eu estava numa loja de discos em São Francisco, no aniversário de um ano da morte de Ken. O dono da loja manuseava produtos recém-chegados quando deu uma risadinha contida e ergueu uma cópia da trilha sonora de *O último dragão*. "Lembra disso?"

Tentei encontrar em seu rosto uma pista. Aquele não era um álbum difícil de ser encontrado, embora eu jamais o tivesse visto. Apenas olhei para ele, esperando escutar a risada de Ken. "É de um filme dos anos 1980", explicou etiquetando-o e devolvendo-o ao cesto. *Eu sei*, eu disse por fim, e tentei explicar como era bizarro encontrar o disco naquele dia em particular. Contei-lhe sobre meu amigo, a vez que varamos a noite assistindo a *O último dragão*, a nossa convicção de que Bruce LeeRoy esclarecia mistérios profundos referentes à questão racial, aos Estados Unidos, a nós mesmos. *Andei procurando por...*, continuei, e ele colocou o disco em meu carrinho e disse que eu não precisava pagar.

Naquela noite, fiquei acordado até o amanhecer produzindo uma nova edição da minha *zine*. "Um ano atrás, neste exato momento, eu estava voltando de uma *rave*", escrevi na primeira página. Havia resenhas de álbuns, comentários a respeito da questão da identidade, uma matéria escrita por Eddy que versava sobre a vida em San Quentin, trechos de um ensaio que eu escrevera para a faculdade que mencionava rituais indígenas de troca de presentes e a "reciprocidade protelada" que dava sentido às pichações. Finalmente publiquei a matéria de Ken sobre Waly Joyner e os Padres. Na última página, escrevi sobre aquela noite, rasurando o nome dele toda vez que aparecia. "Como eu gostaria de passar essa vergonha", escrevi, imaginando o que teria acontecido se tivéssemos ido dançar *swing*. "Ken teria rolado de rir."

Perto do final do quarto e último ano, comecei a namorar Joie. Existem pessoas que tentam nos animar quando estamos tristes e outras que se juntam a nós onde quer que estejamos. O instinto dela sempre foi sucumbir comigo.

Ela também escolhera sua especialização em ciências políticas, embora não tivéssemos feito nenhuma aula juntos. Eu me apaixonei pela maneira como ela se movia pelo mundo, absorvendo dele tudo o que podia, retesando o corpo com propósito e convicção, coisa que eu atribuía à sua experiência com a dança. Seus cabelos eram longos e encaracolados, como uma aura. Eu queria me perder dentro dela.

Joie escutava minhas histórias sobre Ken; ela tinha lido sobre o caso no jornal da faculdade, mas não o conhecia. Eu lhe contava todos os detalhes mais prosaicos a respeito de Ken. Ela me falava da família, das dificuldades vivenciadas depois de migrarem da Coreia, da tribo de mulheres indestrutíveis à qual ela pertencia. Ela era de San Jose, não muito longe do lugar onde eu crescera. Mas, diferentemente de mim, ela teve de lutar por tudo que conquistou. Agora, ela também sonhava em fazer pós-graduação em Nova York. Talvez pudéssemos fazer juntos.

Eu nunca tinha conhecido alguém com uma sede tão grande pela vida quanto ela, que apreciasse igualmente os zênites triunfantes e os nadires sombrios. Eu também nunca tinha usado drogas. Ela pacientemente me ensinou a manusear o narguilé, e depois disso tive certeza de que ela seria uma ótima professora. Eu não imaginava que enrolar um baseado para outra pessoa pudesse comunicar tanta cumplicidade, tanto cuidado. Ela me fez acreditar que eu seria capaz de entender coisas impossíveis.

Joie foi admitida na pós-graduação da NYU, mas eu não. Acabei indo para Harvard. Boston era o sonho de Ken, não o meu. Em teoria, eu estudaria todas as coisas básicas sobre história e literatura americanas que eu ignorava até quase o fim da faculdade. E continuava ignorando. Cambridge não era Berkeley, e havia certos tons de laranja e dourado que deixavam imensas saudades. Em vez de estudar, eu pesquisava gente morta na internet. Em vez de escrever artigos para seminários, eu varava a madrugada tentando descrever uma linha de baixo ou um sintetizador ("escapamento de jato"), não porque eu me importasse com o som, mas porque eu precisava aperfeiçoar minha habilidade descritiva. Passei a maior parte do primeiro ano em Harvard aguardando com expectativa as viagens de ônibus que me levariam a Nova York para visitar Joie.

Eu estava numa festa em Williamsburg, nas semanas que sucederam ao Onze de Setembro. As noites na cidade ainda misturavam vapores desagradáveis com um desespero eufórico. Sammi se mudara para Nova York, e Gwen estava fazendo uma visita. Eu estava sentado na cama de Sammi, enrolando um baseado, quando Gwen me dirigiu uma pergunta: você e o Ken eram tão próximos mesmo?

Ainda não estávamos chapados, e talvez dali a alguns minutos aquela conversa fosse perder toda a importância. Mas entrei em pânico. Não soube responder. Lembrei-me do quanto Gwen sofrera naquele último ano em Berkeley, como foi difícil para todos nós falar sobre outras coisas, e depois sobre qualquer coisa. Como foi estranho que ela tivesse de continuar morando no Rapa-Nui até o final do ano. Para Gwen, ele era "Kenny". Eles compartilhavam uma intimidade que só ocorria entre rapazes e mulheres jovens. Eu sabia que ele era uma pessoa doce e vulnerável, mas ela entendia essas qualidades de um jeito que eu jamais seria capaz de fazer.

Talvez minha memória estivesse falha. Talvez uma coisinha boba, de tanto reprisar em minha cabeça, tivesse se cristalizado na lembrança como rotina. Eu sabia que ela estava errada – nossa amizade ocorria em particular, nas varandas, nos carros, nas caminhadas à procura de *pizza*. Mas como eu poderia ter certeza agora?

Uma hora ou outra, todos morreríamos. Fiquei lá deitado, olhando para o emaranhado de tubos expostos no teto – algo que dificilmente veríamos na Califórnia, um período da minha vida que, de repente, pareceu distante. O que ela disse turvou minhas lembranças, minha capacidade de contar uma história sobre mim mesmo. Talvez Ken estivesse cansado de mim e tivesse mencionado isso para ela em algum momento.

Eu passei a maior parte do tempo como aluno de pós-graduação comprando livros e discos usados, roupas de segunda mão e revistas antigas. Tive de ler um ensaio do filósofo Walter Benjamin sobre a aura que emana das obras de arte. Todos sabem, por exemplo, que um quadro ocupa um espaço singular neste mundo; podemos situá-lo no tempo e no espaço. Reconhecemos sua procedência, não apenas que as mãos do artista o tocaram quando foi feito, mas que o próprio quadro passou por outras mãos ao longo do tempo, como propriedade de vários outros donos. Essa parte, aliada à crença de Benjamin de que tudo isso estava ligado ao fascismo, permaneceu comigo. Eu achava que experimentaria uma versão menor e provavelmente desgastada dessa aura quando garimpasse coisas antigas, coisas *vintage* que me conectassem a ouvintes e a leitores anônimos do passado. Como eles teriam escutado essa música? As ranhuras do disco eram reveladoras: Que canções teriam escutado mais do que as outras? Por que sublinharam essa frase e não aquela?

Eu pensava sempre no passado, em busca de lembranças e frustrações que pertencessem a outras pessoas. A parte dos trabalhos acadêmicos que me agradava era a pesquisa, era espiar dentro de velhas caixas de arquivo, tentando encontrar maneiras de acessar um entendimento mais profundo sobre a arte do outro. Eu era fascinado pelas histórias que podiam ser contadas a partir de objetos que os outros deixavam para trás. Os arquivos pessoais de um autor obscuro de literatura experimental, entre os quais estava o folheto de um iate. Seria um sonho secreto ou só matéria-prima para a sátira, uma amostra etnográfica que detalhava a ambição das pessoas comuns?

Joie e eu achamos a pós-graduação frustrante. Era difícil lidar com o fato de que estávamos apenas começando um processo que levaria sete ou oito anos. Ficaríamos naquele vaivém entre Boston e Nova York por todo aquele tempo? Vivíamos para os prazeres imediatos – *cheeseburgers* e uísque, drogas e sexo, panelas fumegantes de cozido de *kimchi*, vomitadas nas calçadas, a sensação de conquistar o mundo quando finalmente conseguíamos pegar um táxi na porta da boate. Continuei meus estudos para me agarrar a um padrão, para flutuar lentamente na direção de um horizonte vago. Mas o passado dela nos acompanhava. Quando ela me contava histórias sobre a família e seus traumas, ela sempre guardava alguma coisa. No começo do relacionamento, ela me disse que eu jamais a entenderia. Estávamos em cidades novas, perdendo-nos em excessos novos, encontrando caminhos para terraços mais altos, enxergando tons diferentes do nascer do sol. Mas estávamos fugindo de coisas diferentes. Eu não precisava enviar parte da minha bolsa de estudos para ajudar minha mãe.

Nos primeiros meses da pós-graduação, usamos *ecstasy* nas margens do Rio Charles – uma alternativa a discussões sérias sobre o futuro. Melhor estar presente, pelo menos por enquanto. Nada aconteceu no primeiro momento. "As drogas não funcionam", brinquei, repetindo o nome de uma canção do Verve que eu curtia na época da faculdade.

Então olhei para o Charles e ele não era mais um rio. Não havia água, apenas um rolar contínuo de bolinhas de gude prateadas que se moviam em câmera lenta. Eu ri, e meu corpo se expandiu até os confins do Universo. Cada sensação se dilatava em ondulações eternas; não havia fronteiras nítidas entre nossa pele e a umidade de Cambridge. As drogas funcionaram.

Eu não escutava mais o Verve. A música deles me lembrava o outono de 1997, quando Ken, Sean, Ben e eu invadíamos as salas de bate-papo de direita, ao som do CD deles. Mas, quando escutei a canção, lembrei-me de uma parte da letra: "um gato numa sacola/ esperando se afogar", que eu sempre associava aos últimos minutos de Ken, quando ele ficou preso no porta-malas de seu carro. Comecei a afundar naquele instante. Masquei meu chiclete mais e mais depressa. Tentei olhar diretamente para o sol para limpar minha mente.

Voltamos para o meu quarto. Por um tempo, permanecemos deitados em minha cama de solteiro, em silêncio, incapazes de nos mover. O quarto pulsava a cada respiração. Ela se levantou e foi até o aparelho de som, que ficava a poucos metros de distância, mas foi como se o trajeto levasse uma hora. Ela mexeu nos meus CDs. Faça o que quiser, eu disse, só não toque "The drugs don't work", por favor. Eu não suportaria escutar aquela canção agora. Ela olhou para mim do outro lado do quarto, depois para seu reflexo na capa do CD. Quando apertou o *play*, olhou de novo para mim, triste e desolada, como se não pudesse evitar.

Por dias, não consegui me livrar de uma sensação de desespero e tive medo de que uma confluência qualquer de memória, canção e pessoa evocasse aquele sentimento. Eu acreditava que os baixos eram o preço que tínhamos de pagar para alcançar os altos novamente. Mas ela achou difícil imaginar um futuro para nós dois, um futuro que fosse satisfatório para a mentalidade conformista e burguesa em que eu cresci. Mantínhamos um diário em conjunto que trocava de mãos toda vez que nos encontrávamos, ao qual confiávamos nossas tristezas e nossos medos mais profundos, escrevendo as coisas que não conseguíamos dizer, entremeando as nossas respectivas razões para a infelicidade, tentando em vão criar uma história em comum, em coautoria, até que isso se tornou impossível.

Tarde da noite, quando eu queria tirar a mente dos estudos, eu examinava o conteúdo de um envelope acolchoado no qual eu guardava várias coisas relacionadas a Ken. Um maço de Export A com dois cigarros sobrando. O folheto do funeral. Itinerários, um cartão de embarque, um mapa de San Diego. Coisas engraçadas escritas em guardanapos. Algumas páginas do roteiro de *O IMBRÓGLIO de Barry Gordy*, a cópia de uma carta que eu enviara aos pais de Ken, fitas cassete. Recibos de um diário, de uma camisa preta e de uma calça.

Um exemplar de capa mole de *Que é história?*, de Edward Hallett Carr, com um adesivo de USADO na lombada. Estávamos comprando material didático quando Ken descobriu o livro na bibliografia de outro curso. Como parecia provocativo, ele levou. Naquela noite, leu o livro em vez do material sugerido pelo professor. Quando terminou, passou para mim – "Acho que você vai gostar." Li a descrição na contracapa. *Aqui só tem o básico, né?*, eu disse para ele. Tentei repetir algo que eu ouvi falar sobre Hegel. *Já sabemos disso, não sabemos?* A história é uma narrativa, não um relato perfeito da realidade, continuei. Você só precisa decidir se confia no narrador.

Ken deixou o livro em meu apartamento para a eventualidade de eu me interessar por ele. Carr publicou *Que é história*? em 1961. Ele trabalhou como diplomata por muitos anos antes de tentar a vida na academia, onde escreveu vários livros influentes no campo das relações internacionais. *Que é história?* começou como uma série de palestras ministradas em Cambridge. "Quando tentamos responder à pergunta *Que é história?*, nossa resposta, consciente ou inconscientemente, reflete nossa posição no tempo" – bem como o futuro que esperamos avistar. Para Carr, as palavras dos historiadores tinham de ser abordadas com ceticismo. Os fatos do passado eram quase sempre incontestáveis – que dia aconteceu tal coisa, os signatários de determinado tratado, quem estava no batalhão quando o cerco começou. Mas a maneira como esses fatos eram organizados sugeria um "diálogo interminável entre o presente e o passado".

A narrativa que montamos a partir desses fatos é discutível. As forças que animam a história, as intenções, os motivos, os enganos, a trapaça – a maior parte dessas coisas é resultado de uma interpretação. "O máximo que qualquer documento pode revelar é a opinião de seu autor – o que ele acha que aconteceu, o que acha que deveria ter acontecido, ou poderia ter acontecido, ou talvez o que ele queira que os outros pensem que ele estava pensando. Nada disso tem significado a menos que seja trabalhado e decifrado pelo historiador." Com o tempo, os julgamentos do historiador adquirem a aparência de verdades empíricas, incontestáveis. Para entender o passado, precisamos lidar com os próprios emaranhados do historiador, a maneira como passado, presente e futuro permanecem eternamente "ligados na corrente infinita da história".

Quando finalmente abri o exemplar de Ken desse livro, anos mais tarde, em meu apartamento em Boston, vi que ele o leu com cuidado, sublinhando as passagens que achou relevantes, tomando notas e fazendo comentários nas margens.

Ainda mais tarde da noite, quando a vulnerabilidade da mais completa exaustão me dominou, tentei escrever cenas de nosso passado. Eu me esforcei para descrever as sutilezas, como o cantarolar seco de sua risada, o olhar confuso que ele lançava pouco antes de fazer você cair em contradição. Eu não me lembrava de quão alto ele era, se usava calçados *derby* ou da Timberland. Quanto mais eu escrevia sobre Ken, mais ele se tornava outra pessoa.

Eu ainda me sentia péssimo por ter saído mais cedo naquela noite. Mas agora esses sentimentos se deslocavam para outro lugar, para a possibilidade de eu estar contando uma história que envaidecesse seu narrador, impondo graciosidade e intenção em cada memória individual. A consciência de que tudo foi esmiuçado à procura de significado, quando o ritmo casual das amizades raramente justificaria esse tipo de escrutínio. A vergonha incapacitante que eu sentia por ter questionado se ele teria pensado em nós em seus momentos finais, como se a situação permitisse tal coisa. Quando a única verdade é que, às vezes, é uma loucura como as coisas são.

Procurei na internet por Ken, embora ele tivesse parado de gerar conteúdo fazia muitos anos e os aplicativos que tínhamos usado na adolescência não existissem mais. Naquela época, os navegadores eram apenas listas de endereços, e não as múltiplas camadas de conhecimento sedimentado, as preferências e os toques repletos de mineração de dados que temos hoje. O apelo era ser efêmero e labiríntico, uma rede que se dissolvesse, e não uma rede de verdade. Uma série de buracos de minhoca interconectados.

Eu queria saber se alguém manteve vivo o nome de Ken. No começo, apareceram trechos de notícias dos jornais locais, anúncios da sucursal de sua igreja sobre a bolsa de estudos iniciada em sua homenagem. Mas os estilhaços do passado insistiam em desaparecer, soterrados pelos resultados preferidos pelo algoritmo. Descobri muitas pessoas com o nome dele. Um cientista político do Japão. Um sujeito dono de *start-up*. Nossa geração não deixava pegadas suficientemente grandes. Li que os pais de Ken continuaram contribuindo para o fundo de alunos de Berkeley, embora o filho jamais fosse ter a chance de se formar. Em vez disso, Ken se transformou em estatística na matéria do *Daily Cal* que tratava da violência em Berkeley, uma maneira de conectar o caso dos reféns no Henry's nos anos 1990 com o esfaqueamento bizarro de um estudante de engenharia em 2008. Ele servia de contexto.

Nunca procurei saber sobre os criminosos. Mas, certa noite, minhas pesquisas conduziram a um *site* feito para pessoas que queriam apagar de suas habilitações os registros referentes à direção alcoolizada. Era como uma relíquia da velha internet, na qual as páginas ficavam povoadas de textos semiprontos para ocupar espaço. A empresa adquirira milhares de páginas de documentos legais e estava usando essa informação para construir um banco de dados aparentemente inútil.

O *site* republicava um recurso feito por um dos criminosos. Era outra versão de uma história que eu encenara muitas vezes em minha cabeça, mas nunca do ponto de vista deles.

Na noite de 18 de julho de 1998, dizia o texto, Kenneth I... deu uma festa de boas-vindas no Rapa-Nui, um edifício na esquina da rua Channing com a Fulton.

Enquanto a festa começava na casa de I..., um jovem casal de Vallejo pegou um trem do BART para Berkeley. Na estação, encontraram um homem cerca de vinte anos mais velho do que eles. Ele lhes falou de uma festa que estava acontecendo fora do *campus*. Os três foram dar uma olhada na festa, mas ainda estava cedo, havia poucas pessoas confraternizando na varanda. Então os três foram ao cinema. Depois, exploraram Berkeley. Os dois homens caminhavam à frente da mulher, que não conseguia escutar o que eles estavam dizendo.

Por volta das três da manhã, retornaram à festa. O homem mais velho se escondeu na esquina, enquanto o casal esperou na garagem. Quando I... desceu as escadas, o homem apontou-lhe uma arma. Mandou que I... abrisse o porta-malas e entrasse nele. Tiraram os sapatos de I.... A mulher dirigiu o Honda Civic 1991 de I... até a esquina onde o homem mais velho aguardava. Ele pegou as chaves dela e saiu dirigindo. Em determinado momento, a polícia emparelhou com eles, mas depois seguiu em frente. O homem mais velho encostou o carro. Ficou com medo e pediu à mulher que dirigisse no lugar dele. Minutos depois, trocaram de lugar novamente, porque o namorado reclamara do jeito como ela dirigia.

Por fim, chegaram a uns armazéns que ficavam ao norte de Berkeley. Os homens tiraram I... do porta-malas. Ausentaram-se por cerca de cinco minutos. O mais jovem colocou I... de volta no porta-malas e eles foram de carro a um caixa eletrônico, onde sacaram trezentos dólares. Enquanto esperava, a mulher escutou a voz abafada de I.... Ele queria seus sapatos de volta. Ela não respondeu.

Depois disso, dirigiram a um posto de gasolina, onde os dois homens saltaram e conversaram. O mais velho foi embora. O jovem casal voltou de carro para Vallejo e terminaram num estacionamento vazio na rua York. A mulher viu seu namorado tirar I... de dentro do porta-malas. Desviou o olhar quando os dois entraram num beco. Escutou dois tiros. O namorado voltou.

Partiram com o carro, sem comentar o que tinha acabado de acontecer. Estacionaram o carro de I... no gramado da frente do lugar onde moravam.

Um pescador encontrou o corpo de I... às cinco e meia da manhã, não muito tempo depois de o largarem lá.

Naquele domingo, dia 19, o casal foi para um *shopping* com amigos, onde compraram cerca de 2 mil dólares de mercadorias com o cartão de I.... Despediram-se dos amigos dizendo que a noite tinha sido longa. Que precisaram dar uma de Bonnie e Clyde para cima de alguém. Que o rapaz agora estava morto. Que ele implorara por sua vida.

A polícia ficou de tocaia na frente do apartamento do jovem casal e, valendo-se de um mandado de busca e apreensão, encontrou os pertences de I... com a arma do crime. A polícia também prendeu o homem mais velho. Em determinado momento, no relatório inicial, a polícia perguntou aos acusados sobre o "garoto asiático", e eu custei a entender que estavam falando de Ken.

Foi relatado que a mulher não demonstrou remorso no momento da apreensão nem nos dias seguintes. As autoridades interceptaram uma conversa dela com amigos, na qual se dizia inocente e reclamava do estado de suas unhas. Depois, ela alegou que o namorado estava estranho naquele dia. Ele sempre foi tranquilo. Às vezes, cantava *raps* violentos, a mulher disse, mas não era violento. Ela ficou assustada com as coisas que o viu fazer. Ele se esqueceu de tomar o remédio, ela disse, sem dar mais detalhes. Isso a preocupou. Não sabia o que estava acontecendo na cabeça dele.

Alguns anos depois da morte de Ken, sentei-me nos degraus enluarados do Sproul Plaza com Alec, que estava trabalhando como *bartender* em Berkeley. Quanto da confusão que sentíamos era uma coisa genérica de quem terminava a faculdade e quanto se devia ao fato de nossa vida ter sido recalibrada em torno dessas novas medidas de medo e de derrota? De noite, quando Alec voltava do trabalho para casa, ele sempre carregava um facão na mochila. Reclinamos para trás e ficamos observando o céu, e ele falou qualquer coisa sobre estar muito cansado. Tínhamos 22, 23 anos. Eu retornei à região da Baía para passar o feriado em casa. *Dois anos depois (mais ou menos), isso faz sentido*, escrevi naquela noite, *embora o medo tenha se tornado parte de tudo o que fazemos. Ambos concordamos que o pior ainda está por vir, nos próximos anos ou nas próximas décadas.*

Edward Hallett Carr tinha a esperança de que *Que é história?* pudesse iluminar um caminho para o futuro. Ele morreu em 1982, seis anos antes do nascimento de sua bisneta, Helen. Ela também se tornou historiadora, dedicando a vida a travar "diálogos imaginários" com o bisavô sobre a natureza de seu trabalho.

Eu sempre tinha a impressão de que estava lendo *Que é história?* ao lado de Ken. Eu imaginava os momentos em que teríamos concordado, sua visão de mundo pragmática colidindo com meu radicalismo complicador. Eu adorava quando ele sublinhava as mesmas passagens que eu teria sublinhado, não as afirmações de teses óbvias, mas as divertidas digressões de Carr. Algumas dessas frases pareciam estar conectadas a diferentes planos de existência. "Somente o futuro pode oferecer a chave de interpretação do passado; e é somente nesse sentido que podemos falar de uma objetividade fundamental em história. O fato de o passado lançar luz sobre o futuro e o futuro lançar luz sobre o passado serve tanto de justificativa como de explicação para a história." Estávamos em pontas opostas do pensamento de Carr, Ken no passado, eu no futuro.

Uma passagem sublinhada que falava sobre o papel dos acidentes na história cativou nós dois. "Nada na história é inevitável, exceto no sentido formal em que, para produzir uma realidade diferente, as causas anteriores também precisariam ter sido diferentes." Tínhamos o hábito de considerar as muitas opções e apontar os tropeços da história, quando na verdade esses caminhos alternativos jamais estiveram abertos. O que aconteceu simplesmente aconteceu , e poetizar sobre realidades que nunca existiram conduz a outro lugar – não à história, mas à fé. Isso não nos ajuda a compreender o futuro, apenas nossos investimentos no passado. "Como historiador, estou perfeitamente preparado para viver sem o 'inevitável', o 'incontornável', o 'inescapável' e até o 'inelutável'. A vida terá menos graça. Mas deixemos essas coisas para os poetas e os metafísicos."

Talvez nem tudo seja uma pista. Por um tempo, eu queria saber a que filme os três assistiram naquela noite, que canções de *rap* o assassino gostava de cantar, que outras festas aconteceram em Berkeley naquela noite, se estava tocando alguma música no carro de Ken quando eles ligaram a chave, o que compraram no dia seguinte. Queria saber esses fatos minúsculos, reconhecíveis, porque os assassinos não poderiam jamais explicar o motivo por que fizeram aquilo. Nenhum contexto tornaria suas ações "inevitáveis" ou "inelutáveis".

Mas garimpar esses pequenos momentos do passado era uma forma de resistir ao futuro. Na última página do livro, Carr se dirige aos colegas de profissão e às suas tentativas de transformar a história numa espécie de ciência. Ele enxerga o mundo como um lugar de "tumulto e labuta", mas, de alguma forma, consegue se manter otimista. A única constante nesta vida, neste trabalho, é a passagem do tempo e, com isso, a mudança. "No entanto", escreve Carr, citando Galileu e referindo-se ao mundo, "ele se move." Abaixo da última frase do livro, estão duas palavras adicionais. Reconheço os garranchos comprimidos, a tinta borrada de uma caneta esferográfica vermelha, mas, seja lá o que Ken tenha querido dizer, isso permanecerá ilegível para mim.

* * *

Uma vez, fui visitar Ken em seu trabalho na Nordstrom. Ele gostava de falar sobre a venda de calçados infantis, as famílias que frequentavam a loja, quais ele torcia para encontrar, quais ele evitava e tratava com um laconismo irredutível. O *rush* de clientes antes das formaturas e o subsequente retorno envergonhado dos que queriam trocar as mercadorias após o evento. Eu achava essas pessoas chatas – eram velhas demais ou novas demais –, e suas histórias não me interessavam. Mas eu o escutava educadamente.

Certo dia, eu estava em São Francisco e disse a Ken que iria visitá-lo para que pudéssemos voltar juntos de trem. Por questão de princípio, eu jamais fazia compras em lojas de departamento ou em *shoppings*. Eu não sabia que os calçados infantis ficavam separados dos de adulto e acabei me perdendo. Eu já estava atrasado; não tinha tempo para encontrar um telefone público e mandar uma mensagem de *pager* para ele.

Quando finalmente encontrei a seção infantil, vi os calçados, mas não encontrei Ken, então presumi que ele já tinha retornado para Berkeley. Uma família aguardava no caixa. Eu estava posicionado de tal maneira que vi Ken sair do depósito nos fundos, amarrando um balão na ponta do dedo com todo o cuidado. Quando terminou, examinou o nó, depois o balão que pairava acima de sua cabeça, firmemente ancorado em seu dedo, e abriu um sorriso bobo. Reapareceu atrás do balcão e entregou o balão para o garotinho que aguardava com os pais, e a criança abriu um sorriso ainda mais bobo.

Então Ken ergueu o olhar, viu-me e sorriu novamente.

Quando você é jovem, faz as coisas na esperança de ser notado. A maneira como se veste e como se posiciona, a música tocada alto o bastante para chamar a atenção do vizinho, que talvez também conheça uma canção. Depois existem coisas que você faz quando sai para o mundo, o mundo de verdade, recheado de adultos esquisitos, e faz testes sobre o que significa ser generoso e atencioso. Naquele momento, antes que as lembranças fossem atreladas a um arco narrativo, antes que o ato de lembrar ganhasse ares de desespero, eu simplesmente me senti grato por flagrar uma atitude tão espontaneamente generosa – e ver meu amigo fazendo uma coisa boa.

No segundo ano de pós-graduação, eu me mudei para uma velha casa perto do Rio Charles. Meu colega de quarto, Brian, fazia aniversário no dia 19 de julho, o dia em que Ken morreu, e isso parecia ter significado. Fui a muitos jogos de basquete na esperança de vislumbrar um fantasma assombrando a linha do tempo errada, um estudante de direito nipo-americano arremessando amendoins no ar úmido de Boston. Eu chegava para dar aula e perscrutava os alunos, esperando encontrar nós dois.

Certo dia, percebi que praticamente todos em meu curso de pós-graduação se valeram do semestre de terapia gratuito que nosso plano de saúde estudantil disponibilizava. Talvez, um dos meus colegas brincou, houvesse alguma coisa na natureza do nosso trabalho – sempre na interseção de diferentes métodos e disciplinas, desconstruindo neuroticamente o mito americano – que nos predispunha a esse tipo de análise. Para mim, terapia era algo que as pessoas faziam na Costa Leste, e eu estava tentando me integrar novamente. Por isso, marquei um horário.

A história que eu me contava era sempre a mesma, e eu achava que um psicólogo seria como uma espécie de editor, que me ajudaria a calibrar o tom daquele melodrama confessional. Fui conduzido a um pequeno consultório no edifício médico. Uma mulher estava sentada atrás de uma mesa cinza fosca. Atrás dela, havia uma prateleira que parecia ter sido arrumada com carinho e atenção, uma combinação de manuais para diagnóstico, quinquilharias e plantas. Ela tinha cabelos ruivos e um olhar inquisitivo. Não era muito mais velha do que eu. Sentei-me. "Meu melhor amigo foi assassinado", eu lhe disse. "Fui para uma *rave*, deixei-o na varanda e, horas depois, ele estava morto", continuei, ainda com a mochila nas costas. "Eu deveria ter ficado. Eu poderia ter feito alguma coisa."

Ela me pediu para ir com calma. Contei-lhe uma versão resumida da nossa história. O fato de eu ter ido embora no meio de uma conversa, meu arrependimento por ter deixado inconclusas todas aquelas frases, a possibilidade de eu ter feito sexo pela primeira vez enquanto meu melhor amigo estava morrendo. Éramos melhores amigos? Não tenho certeza, para dizer a verdade. Talvez. O que isso realmente significa? (Toma notas.) Contei sobre todos que estavam presentes naquela noite, como era louco pensar que os assassinos nos viram entrar e sair. É muito louco, não é? (Um discreto aceno de cabeça.) Eu me indaguei se teria atraído a desgraça por desejar secretamente que ele não me ligasse no dia seguinte. (Mais anotações.) Na pós-graduação, eu me apaixonei por coisas impossíveis de se resolver. Estudei teoria, linguística, desconstrução, as "moedas gastas" da verdade e da linguagem, o desafio formal e a ética implícita das representações de ruptura, a barbárie de fazer arte à sombra de um sofrimento traumático. Todas essas ideias grandiosas apelavam à minha maneira de sentir o mundo, embora eu só entendesse parte das coisas que lia.

Você começa a se perguntar se as histórias que está contando são falsas. Se teria sido diferente caso esse amigo tivesse morrido em vez daquele. Você vive imaginando o pior desfecho. Que a pessoa que deveria ter ligado quando chegasse em casa está, na verdade, morta. Você pesquisa no Google como acessar inquéritos policiais; insere alguns dígitos referentes à delegacia mais próxima. Fica acordado a noite inteira, a mente acelerada, mas está assustado demais para escrever o que sente. Você é capaz de se lembrar com clareza da última vez que viu outras pessoas, o que estavam vestindo, porque tem certeza de que algo terrível vai acontecer. Algo terrível sempre já está acontecendo. Não percebemos que estamos sempre na iminência de uma catástrofe. Você reflete sobre potencialidades e promessas, o que poderia ter sido, mesmo quando seu amigo está sentado à sua frente. O telefone deles ficou sem bateria.

Às vezes, era fácil falar, inflexionar minha voz com uma cadência brincalhona. Mas, na maior parte das vezes, parecia impossível. Eu tropeçava numa simples frase ou notava um aluno distraído no meio da explicação; e isso me fazia perder toda a confiança na palavra falada e eu passava o resto do dia em casa, mexendo na internet ou escrevendo *e-mails*.

Quando expliquei que me sentia culpado pela morte de Ken, a psicóloga franziu as sobrancelhas – um gesto que considerei desnecessariamente agressivo. Era sua obrigação profissional manter o olhar fixo, sem jamais afastá-lo, de modo a me julgar responsável pelas coisas que eu estava dizendo.

Teria feito alguma diferença?, ela perguntou. O fato de eu sair ou ficar teria mudado alguma coisa? Eu poderia ter impedido aquilo de acontecer, eu disse. Ela me avaliou dos pés à cabeça, provavelmente fazendo a presunção correta quanto às minhas reais chances numa briga de rua. Eles não teriam matado vocês dois? Eu não tinha certeza.

"Por que acha que a culpa é sua?", ela finalmente perguntou. Nunca me ocorreu que a culpa não fosse minha. Cada um de nós devia se sentir assim, eu disse. Mas eu tinha certeza. "Como pode ter certeza?" É óbvio. "Mas como você sabe? Já perguntou a opinião de outra pessoa?" Eu não tinha feito isso. Eu imaginava que todos sentíamos a mesma coisa, por mais que esses sentimentos se tivessem metastizado em nossos corpos de maneiras diferentes – raiva, ódio e até o anseio por alegrias extremas.

Eu tive medo de perguntar aos outros, pois fazia muito tempo que eu me tornara aquele que foi deixado para trás, modelando minha tristeza à figura de uma nova persona. Ela disse que não era à tristeza que eu me agarrava, mas à culpa, e que era inútil eu me sentir culpado, afinal, o que eu poderia ter feito? Aquilo me mantinha preso ao passado. Houve três deles e pelo menos uma arma. Talvez estivesse na hora de eu me libertar dessa parte da história, ela sugeriu.

Não que eu nunca tivesse pensado nisso, mas ouvir outra pessoa dizer essas coisas em voz alta era revigorante. Fazia anos que eu estava escrevendo a mesma frase, com medo do que pudesse vir depois. *Terapia é o máximo*, pensei comigo mesmo; talvez o tenha dito em voz alta. Era tão eficaz. Bastaram vinte minutos e eu estava curado. Como ainda tínhamos dez minutos para gastar com amenidades, perguntei-lhe sobre seus gostos pessoais, o que a atraíra para aquela linha de trabalho, como eram seus outros pacientes.

Quando a sessão terminou, agradeci profusamente. *Foi bom conhecer a senhora.* Mas você se inscreveu para o semestre inteiro, ela me disse, e você realmente deveria voltar na semana que vem. Nem bem começamos.

Imaginei que ela quisesse continuar investigando porque isso fazia parte do seu treinamento. E retornei na semana seguinte, com medo de ser multado. Tirei minha mochila, pendurei meu casaco, perguntando-me o que teríamos para discutir que pudesse levar trinta minutos. O encanto se perdeu, mas eu ainda me sentia bem. Conversamos sobre Ken, e ela retornou à questão da culpa. Ela não entendia por que esses sentimentos estavam tão arraigados em mim. Eu era religioso? Não, respondi, pelo contrário. Meus pais eram religiosos? Provavelmente menos até do que eu. A religião era uma das poucas coisas que eles não toleravam. Ela começou a falar mais cautelosamente.

Perguntou sobre meus pais. Eles diziam que me amavam?

*Não*, eu disse, rindo de um jeito nervoso. *Quero dizer, sim, eles dizem. Meus pais dizem que me amam. Eu disse não... porque eles não são o problema aqui.*

Ela reformulou a pergunta, e eu reformulei minha resposta.

E quanto à pressão?, ela quis saber. Meus pais não eram imigrantes? Tinham colocado muita pressão em mim? Afinal de contas, estávamos em Harvard.

*Bem*, esclareci, *eu não queria vir para cá. Na verdade, eu queria estudar na NYU, não que isso importe, só estou dizendo.*

Desviei o olhar de seu semblante profundamente preocupado e comecei a ler as lombadas dos livros da estante. Muitos deles eram sobre a caracterização psicológica de alunos membros de minorias. Manuais que ensinavam a navegar pela paisagem emocional da experiência imigratória. Livretos sobre conflito intergeracional e depressão. Eu a lembrei de que estávamos ali por um motivo específico. Meu amigo morreu e eu continuava triste. Isso não tinha nada a ver com a minha família.

*Meus pais são ótimos*, eu disse. *Incrivelmente não estereotípicos*.

Minha mãe e eu estávamos no *shopping* pouco antes de eu partir para a pós-graduação. Estávamos apenas olhando. Saí à procura de uns tênis e, ao retornar, encontrei-a sentada num banco, ao lado de uma branca idosa. Quando me aproximei, a mulher se levantou para ir embora. Sorriu gentilmente para mim, depois para minha mãe e desejou-lhe tudo de bom. *Quem é essa?* Não sei, minha mãe respondeu.

Enquanto seguíamos para a praça de alimentação, minha mãe disse que não conhecia a mulher, mas que as duas começaram a conversar. Sobre o clima, a nova padaria da Macy's, quanto Cupertino mudara. Estou aqui com meu filho, minha mãe informou à estranha. Uma coisa muito ruim aconteceu com ele e os amigos dele. Minha mãe não soube explicar por que continuou relatando à mulher tudo o que ocorreu naquela noite de julho. Ele está triste e quero ajudá-lo, ela disse. Não sei o que fazer. Não consigo falar com ele.

Ela me contou isso e eu não sabia como responder, então não disse nada.

Quando éramos crianças, estudávamos o sotaque de nossos pais e nos indagávamos quanto tempo levaria até que aqueles indícios de suas vidas pregressas desaparecessem por completo. Seus coloquialismos remontavam ao período de sua chegada – quando minha mãe aprendeu a dizer que era "conversa fiada" o que eu lhe contava com menos seriedade? Ficávamos espantados porque aprendíamos a falar muito mais rápido do que eles e com uma clareza que lhes fugia. Parecia-nos inútil ensinar-lhes novas expressões idiomáticas, porque sabíamos que seriam usadas incorretamente. Ler e escrever eram habilidades que adquiríamos por causa deles. Mas aonde isso nos levaria?

Quando eu era adolescente, minha mãe começou a trazer para casa livros de autores cujos nomes eram chineses: autobiografias de médicos, inventores e até um jornalista de *rock*; *best-sellers* sobre famílias que lutaram contra a guerra e a fome, histórias sobre as estradas de ferro, relatos sangrentos da Guerra Sino-Japonesa; um livro com entrevistas de Bill Moyers, porque um dos entrevistados era um professor de Harvard sino-americano especialista em confucionismo. Provas de que era possível figurar nas capas dos livros mesmo com um nome como o meu. Calada, ela me ouvia falar sobre meus sonhos, meus receios, e queria mostrar que eu não estava sozinho. Que eu jamais estaria sozinho. Mas, naquela época, não simpatizei com nenhum deles. Eu não tinha afinidades com aquelas pessoas nem com suas histórias.

A engenhosidade dos imigrantes exige uma exaustão de possibilidades. Você pode até dominar os tempos e as formas verbais, as regras gramaticais, o estilo corrente. No entanto, justamente por causa disso, você talvez tenha dificuldade de conversar com seus avós. É possível que eles tenham desejado isso secretamente – como medida do progresso geracional. A criança aprendeu a falar sozinha, mas também a retrucar. Você escreve bem, não escreve "bom". O aluno aplicado internaliza uma maneira de se relacionar com o idioma e percebe seu distanciamento da fonte original, das pessoas que garimpam esse idioma à procura de suas verdadeiras identidades, porque ele foi levado a acreditar que esse tipo de coisa importa. Um simples pronome como "eu" ou "nós", a perspectiva da primeira pessoa, tudo isso nos parecia misterioso. Quando escrevíamos, não podíamos jamais contar com a presunção de que todos reconheceriam nosso lugar de falar. Não havia nada de interessante em nosso contexto. Nem negro nem branco, apenas chato para as pessoas de fora. Por onde começar a se explicar?

Na época, achei que minha psicóloga estivesse criticando os instintos ambiciosos dos pais imigrantes asiáticos. Mas ela só queria descobrir como eu me transformei na pessoa que estava sentada à sua frente. Eu vi os livros em sua estante e presumi que ela estava tentando extrair de mim relatos que ecoassem seus estudos de caso. Mas saber como eu fui criado importava menos do que saber quem eram meus pais. Os horizontes que eles imaginavam. Quem lhes ensinou? Talvez os pais deles também pensassem que seria melhor permanecer esforçado e manter a cabeça baixa.

Ela estava perguntando: que é história? Você se enxerga dentro dela? Onde encontra modelos para existir no mundo? Como aprendeu sobre o amor, a honra, a misericórdia, o orgulho, a compaixão, o sacrifício? Ela queria encontrar os pontos de virada. Talvez um sentimento, uma atitude com relação à vida, o apreço por determinado timbre de risada, o ângulo de sua cabeça enquanto você escuta – todos esses aspectos imperceptíveis que são passados pela linhagem. O formato e o tamanho dos sonhos.

Isolado na Costa Leste, afastei-me ainda mais de meus amigos de Berkeley. Passei a escrever com menos frequência para os pais de Ken, constrangido com quanto da minha tristeza eu arremessara em sua direção, como se já não estivessem bastante tristes. Eu me sentia envergonhado do meu luto e não sabia como ser um bom amigo, um amigo presente.

Toda vez que eu retirava velhos objetos do envelope, organizava-os, segurava-os nas mãos, era para me recordar de um sentimento, para retornar a um antigo padrão de respiração. Mas, certo dia, tirei de lá umas páginas em cujo cabeçalho estava escrito, *O IMBRÓGLIO de Barry Gordy;* era o roteiro que escrevemos inspirados em *O último dragão*. Eu não me lembrava de que havia tantas páginas. Ken me deu uma cópia das anotações e eu mantive o original em seu caderno. Eu nunca as tinha lido.

A história era bem simples, um garoto apaixonado por uma garota, os desacertos e as dificuldades que ele precisava superar para finalmente enxergar a si mesmo. Não me lembro se ele ficava com a garota. Mas me lembro de pensar que tudo não passava de uma desculpa para ficarmos juntos, uma maneira de esticar nossas piadas internas. Jamais encontraríamos alguém que tivesse uma câmera.

Um possível título alternativo: *O clube dos fracassados*. O núcleo seria Dave ("o incompreendido"), Paraag ("o líder do grupo"), James ("o que namorava firme"), Ken e eu. Ken anotou as questões temáticas do filme: "garotas", "amigos", "pais". Lembro-me de quando ele percebeu que suas expectativas para o mundo, sua vontade de pertencer, sua crença no cavalheirismo e no trabalho duro, tudo isso procedia dos *sitcoms* que assistíamos quando éramos crianças. Há uma lista com os programas de TV que resgatamos da memória, setas apontando para os "supremacistas brancos". Em nosso filme, o garoto se dá mal por ter internalizado essas lições, presumindo que os finais felizes seriam para todos. Ele baseia seu comportamento nos personagens da TV e não faz ideia de quem ele é realmente. Nas margens, Ken rabiscou conceitos filosóficos, sacadas e observações a respeito da identidade ásio-americana. Citações de *O último dragão* – nosso texto canônico. Suas magníficas teorias sobre como aprendíamos a ser autênticos. Onde encontraríamos modelos para nosso futuro americano?

Por algum motivo, ele me escalou para o papel do garoto. Na cena inicial, James e eu passamos pelo Campanário, a torre do relógio do *campus*, e eu lhe digo que estou apaixonado. Ele sabe quem é a garota. Diz que vai nos apresentar, já que não tenho traquejo social suficiente para fazer essas coisas sem ajuda. Ela aparece, é claro. Eu me levanto para falar com ela, mas a alça da minha mochila se prende à ponta da mesa e eu caio no chão. Começa o constrangimento. O diálogo escrito por Ken usa partes emprestadas de nossas conversas: "Eu não acredito em atração física", o que pareceu absolutamente ridículo escrito no papel. Em outra cena, estamos numa festa e a garota de quem gosto vomita no meu colo, o que leva a digressões sobre a "cultura de massa" e sobre "A verdade e a mentira num sentido extramoral", de Nietzsche.

Eu não me lembrava de que você tinha se dado ao trabalho de escrever tantas páginas. Não me lembrava de quão pequenina era sua letra cursiva, de como parecia que ela estava sempre tentando engolir a letra seguinte. Mas eu me lembro de ter visto você registrar tudo isso em seu bloco de notas e de como foi estranho perceber que você estava escrevendo sobre mim. Os trejeitos e as manias que você percebeu, o fato de você destacar minha sinceridade disfarçada de sarcasmo como uma característica genuinamente perceptível em mim. E eu me lembro de querer ser mais como a pessoa no papel.

Lá pela metade do roteiro, as coisas ficam estranhas. Surge uma claque. Ocorrem cenas de paródia, momentos absurdos de comédia pastelão. Um jantar de encontro dá errado da maneira mais previsível possível. Adoto a persona de um babaca porque, segundo meus amigos, é isso que as garotas realmente desejam. Abro a porta vestido como o rapaz branco que acabei de ridicularizar: camisa havaiana e sandálias da Reef. Está tocando "Crash into me". Sirvo à minha companheira comida de restaurante, mas digo que fui eu que preparei. Por algum motivo, provoco um incêndio na cozinha, depois faço pouco da preocupação dela enquanto apagamos o fogo. O amor da minha vida decide voltar para casa. "Isso não é um *sitcom*", ela diz, e uma claque pré-gravada fala: "Óoooown".

Então você aparece. Estamos estudando numa cafeteria. Você é o parceiro legal, cético. (Isso com certeza foi ideia sua.) Você é o cara que sempre tem uma referência obscura na ponta da língua.

Você inicia um monólogo sobre a maneira como fomos socializados. Onde descobrimos o sonho americano? Que modelos estavam disponíveis para nós? Você pontua a relevância de Michael Chang. Será que os ensinamentos transmitidos pelos livros, pelos filmes e pela TV são aplicáveis a nossa vida como garotos asiáticos com pais asiáticos? Ou será que isso só nos causa um sentimento de inadequação? Por que estamos sempre trabalhando tão duro, tentando provar que somos inteligentes, medindo-nos com a régua dos outros? Talvez isso seja uma armadilha. Por que estamos procurando ajuda se as coisas de que precisamos estão ao nosso redor? Não somos homens desprovidos de cultura. Só temos de nos apropriar dela.

Essas eram as nossas conversas. Você estava tentando explicar de onde vínhamos. Como aprendíamos o significado de ser legal, de ser normal, e depois espelhávamos esses ideais um para o outro. A intensidade com que amávamos e admirávamos nossos pais, embora houvesse limites para o que eles podiam nos ensinar. Quem precisava de figuras-modelo quando tínhamos um ao outro? Na época, não percebi que você estava escrevendo um filme sobre nossa vida. Não me lembro se havia mais páginas além dessas, se abandonamos o projeto ou se você o continuou sem mim. Talvez você tenha continuado a sonhar.

Você estava descrevendo pessoas que ainda não conhecíamos – talvez as pessoas que um dia viríamos a ser. Estava criando um receptáculo para armazenar nossas piadas e todas as coisas idiotas que vimos e fizemos para nunca nos esquecermos delas.

Talvez eu tivesse ido a Nova York em vez de Boston. Talvez eu tivesse ido a Boston, e nós dois tivéssemos finalmente morado juntos. Talvez estivéssemos fadados a nos afastar. Teríamos seguido nossa vida, lembrando-nos um do outro quando determinada música tocasse num filme, no rádio ou em qualquer outra tecnologia imprevisível que nos oferecesse beleza. Eu não teria motivo para me lembrar dessas coisas. Talvez jamais me tivesse voltado para a escrita. O que me atraiu sempre foi a possibilidade de fazer a linha assíntota encontrar a curva. No início, a constatação de que eu jamais conseguiria forçar uma conexão entre as duas coisas me pareceu trágica; depois encontrei conforto na ideia de que a linha e a curva continuariam eternamente. Seguindo na mesma direção, embora não se pudessem tocar.

Nessas outras realidades inventadas, minha atividade como escritor talvez se resumisse a trocas esporádicas de *e-mails* quando os Padres perdessem. Usávamos a mesma expressão para nos despedir: "*Stay true!*" A brincadeira inicial, que originou a frase, foi esquecida com o tempo, mas ainda me lembro do aperto de mãos elaborado que fazíamos. "*Stay true* no jogo", mais tarde abreviado como "*Stay true*". *Stay true* consigo mesmo. *Stay true* com quem você poderia ter sido.

Ao final daquele semestre de terapia gratuita, eu estava cansado de falar sobre mim. Eu estava cansado de mim. Semana após semana, eu comparecia ao consultório, porque achava que era algo que eu precisava fazer, e remoía novamente o assunto da sessão anterior. Reprisar os detalhes daquela noite tinha o efeito de desmistificá-la, pelo menos no que dizia respeito ao meu envolvimento. Ou melhor, não envolvimento, pois como poderia ter sido diferente? Era como o historiador querer se infiltrar numa história que não lhe pertencia.

Toda essa falação não diminuiu em nada a saudade que eu tinha de você, o fato de agora eu conseguir periodizar diferentes eras desse sentimento. *Sinto falta de sentir falta de você por volta de outubro de 1998*, escrevi em meu diário. *Sinto falta de não precisar olhar por cima do ombro, de conseguir sair de noite para jantar. Sinto falta da sua varanda, dos nossos pequenos hábitos tabagistas.*

Eu sentia falta da sensação de já ter sabido exatamente o que dizer. A sensação de escrever uma série de frases perfeitas. Os anos se passaram, mas, de certo modo, eu ainda estava descendo daquele púlpito na funerária, arrastando os pés na direção do meu assento entre Anthony e Sean. Era precisamente por esse motivo que Derrida resistia aos discursos. Eles sempre falavam mais sobre o "eu" do que sobre o "nós", o palestrante mais preocupado em destacar suas emoções do que em oferecer um relato verdadeiro do falecido.

O relato verdadeiro teria de ser necessariamente alegre, e não sombrio; render-me à alegria não significava abandonar você. Uma celebração de como tudo começou, e não uma crônica de sua ruína, um tributo àquele primeiro gole, e não aos quartos vertiginosos que vieram depois. Seria um relato de amor e obrigação, e não de raiva e ódio, e haveria muitos sonhos, a lembrança de já ter contemplado o futuro, o anseio por voltar a sonhar. Seria chato, porque teria sido necessário estar presente para entender. Seria poesia, não história.

Nossa sessão estava quase no fim. Eu disse à psicóloga que ela me ajudou muito. Só de pensar que eu estava falando isso em voz alta, num edifício qualquer, já me fazia sentir um bocado ridículo. Eu era uma lenda do egocentrismo. Sempre o primeiro a fugir dos perigos. O que eu poderia ter feito? Mas ela me ajudou a reorganizar a mobília em minha cabeça. Agora eu sabia o que precisava fazer, eu lhe disse. Eu precisava aprender a descrever o cheiro de fumo passivo entranhado nas flanelas, o gosto que panquecas feitas com morangos frescos e açúcar de confeiteiro teriam no dia seguinte, o sol que atingia um tom específico de marrom-dourado, a profunda ambivalência de uma canção que agora destruía você, o limiar atingido quando um par de botas passava de novo a usado, o barulho de uma fita cassete personalizada, feita para nossa última semana de provas, chiando no final do carretel. Quais metáforas eram úteis, quais não eram, o que explicitar e o que manter em segredo. A mudança percebida no semblante alheio quando reconheciam você.

Vou escrever sobre todas essas coisas um dia, eu disse à psicóloga, e ela sorriu para mim.

# AGRADECIMENTOS

Aos Ishidas. A Anthony, Gwen e Sammi; Paraag, Sean e Dave; Derrick, Charles, Joe e a fraternidade Sigma Alpha Mu; BMP, Mira, Alec e Momo. Obrigado a todos vocês por me escutarem e por tudo que foi dito e não dito. A Irami; Ben e Tony; Jen e Rosa; Henry, Zubin, Grace, Kathy e Crosley. Obrigado a Nate, Eric e Chinatown, James, Kiwa, Susie, Ussuri e Alicia; Ray e Seth; Eddy e os alunos de San Quentin; Bernice, DHY e Harish; Rogin; AYP/ RYP/REACH!, a equipe da *zine* Davis e Regent House, as equipes de *Slant* e *Hardboiled*.

Carol me mostrou uma visão de paz; Zeke, um motivo para o futuro. Obrigado a Willa, que jamais lerá isso. Um amor que transcende os idiomas para minha família.

Este é um livro sobre ser um bom amigo, uma expressão que só se aplica a mim ocasionalmente. As pessoas seguintes são ou já foram boas amigas para mim, e eu sou grato por sua camaradagem, sua confiança, sua paciência: PLO, O-Dub, Jazzbo, Jon, Rondohat e Zen; Ed; os Maos; Sonjia; Salamishah, Chinnie e Rich; Kris e Sarah; Ami; Kirby, Ken e Herb; Josh e Sarah; Piotr e Kate; Willing, Haglund, Remmick e Wallace-Wells. Sasha, Rachel (LP), Bill H., Jay, Sukhdev, Julian, Ross, Paul e Lauren me conduziram por cantos que eu nem sabia que existiam. Parabéns a AMST/AMCIV, URB massv, Soundings para sempre, AAWW para sempre. Conversar com essas pessoas abriu portas para mistérios: Kiese; Scott S.; Mitch, Eric e Sana; Shinhee; John, vulgo Grand Puba; Cool Chris; Mikey; Amanda; Sake One e Heather. Obrigado a meus alunos por me ensinarem.

Escrevi este texto por mais de vinte anos. Mas ele só se tornou um livro depois que meu agente Chris o enxergou como tal. Sou grato. Obrigado também a Sarah e ao restante da Gernert Company. Eu jamais teria sido capaz de escrever tudo isso sem o apoio e o isolamento do Cullman Center na Biblioteca Pública de Nova York. Thomas da Doubleday merece todas as formas de imortalização. Tenho sorte de trabalhar com alguém que agora também é meu confidente. Uma de suas sacadas de gênio foi trazer Oliver, cujo *design* me ajudou a entender algo novo sobre minha história. Obrigado a Johanna, Elena, Lindsay, Cammi e ao restante do time incrível da Doubleday.

Este livro foi composto na fonte Romain BP Text e impresso
pela gráfica Santa Marta, em papel Lux Cream 70 g/m², para a
Editora WMF Martins Fontes, em outubro de 2024.